YO-BSM-834

3 3029 05832 8121

SACRAMENTO PUBLIC LIBRARY
828 "I" STREET
SACRAMENTO, CA 95814

3/2007

8/10 = 1

MARÍA FÉLIX

TODAS MIS GUERRAS

⬚ DeBOLS!LLO
Clío

MARÍA FÉLIX

TODAS MIS GUERRAS

PRÓLOGO DE
ENRIQUE KRAUZE

DeBOLS!LLO
Clío

María Félix: Todas mis guerras

Edición: Enrique Serna

Primera edición: Editorial Clío, Libros y Videos, S. A. de C. V., 1993
Primera reimpresión en Debolsillo: mayo de 2003

© Editorial Clío, Libros y Videos, S. A. de C. V.
© 2002, Plaza y Janés Editores, S. A.
Travessera de Gràcia, 47-49, 08021 Barcelona, España

© 2002, Plaza y Janés México, S. A. de C. V.
Av. Homero 544, Col. Chapultepec Morales,
Del. Miguel Hidalgo, 11570 México, D. F.

ISBN: 968-11-0556-7

Queda rigurosamente prohibida, sin la autorización escrita de los titulares del
copyright, bajo las sanciones establecidas por las leyes, la reproducción parcial o
total de esta obra por cualquier medio o procedimiento, comprendidos a la
reprografía y el tratamiento informático, y la distribución de ejemplares de ella
mediante alquiler o préstamo público.

Impreso en México / Printed in Mexico

ÍNDICE

CORAZÓN DE HOMBRE

Los hermanos como dos espejos
enamorados de su semejanza...
Octavio Paz

Debe haber sido en los años sesenta. Entró en aquella *boite* de Acapulco como torera partiendo plaza. La seguía su marido, Alex Berger, y algún otro acompañante. Recuerdo su indiferencia olímpica hacia el resto de nosotros, pobres mortales. Llevaba en la mano derecha un largo cigarrillo de color oscuro. De su cuello pendían saurios de oro. En sus manos relucían piedras inmensas como inmensos soles. Era más alta y altiva de lo que había imaginado. De lejos, me asomé al centro mismo de su poder: sus ojos. María Félix.

¿Hablaría con ella alguna vez?

Muchos años después la conocí por medio de esa reencarnación moderna de Maimónides —el médico y el filósofo— que es Teodoro Césarman. Me extendió su mano, apretó la mía con fuerza, alzó la "ceja de lujo" y anunció que nos invitaría a cenar muy pronto. Por esos días, Emilio Azcárraga planeaba ya un retorno de María a la pantalla. Nadie en México se resistiría a verla. De pronto, una idea maléfica cruzó mi mente: escribir su biografía. La comenté con Azcárraga y le pedí que Paula, su mujer, nos reuniese en una comida. Por fin llegaría mi alternativa.

No sé si fue antes o después de saludarla cuando le dije: "Usted se ha robado el siglo". Ya en la mesa le confesé mi deseo de escribir una biografía suya que pusiese en su sitio las mil y una versiones que corren sobre su vida y milagros. "Imagino las cartas que guarda usted de Jorge Negrete, de Agustín Lara; serían el fundamento de su historia verdadera." Tras un silencio que me pareció interminable, contestó: "No guardo absolutamente nada. Ha llegado usted un poco tarde: hace unas semanas que me los eché a todos. No puede uno cargar con el pasado a cuestas. No es sano. Yo vivo hacia adelante. Por eso me eché las cartas del charro cantor y las del músico poeta, por eso tiré la guitarra de Pedro Infante y no sé cuántas cosas más. Apegos inútiles. Me los eché a todos. ¿Comprende? De modo que si yo conviniera en que usted escribiese mi biografía tendría que ser exclusivamente con mis recuerdos, con mi sesera. Créame, no necesitaríamos más".

A los pocos minutos "se echó" el tema de la biografía y comenzó a hablar. Al escucharla pensé que su audacia mayor ha sido el lugar público que eligió desde hace décadas, al terminar la última de sus cuarenta y siete películas: no la oscuridad ni la luz sino la penumbra. Ni los adioses patéticos y definitivos a la Marilyn Monroe, ni los abandonos etílicos de Ava Gardner, ni la persistencia ante los reflectores de Liz Taylor. Un poco como Greta Garbo pero sin caer en sus extremos autolesivos, María Félix optó por proteger su personaje. Desde un principio percibió que en torno a él se había creado un mito y sintió que su imperativo mayor era respetarlo. Su distancia, su retraimiento, no han sido un retiro: están hechos de reserva, no de inseguridad o temor. Su silencio, como en aquel cuento de Rulfo, se *oye*.

Pero ya frente a ella sus palabras se oían más. Su genio verbal me sorprendió casi tanto como su hermosura tenaz. Cada frase contenía giros inusitados. Había algo de fuete, de puñal en sus hallazgos, una sorpresa incesante que no tenía su origen en lecturas o reflejos miméticos sino en un venero propio, construido al cabo de mil experiencias, viajes, personas. Su trato con escritores —Xavier Villaurrutia, Salvador Novo, Renato Leduc, Mauricio Magdaleno, Efraín Huerta— contribuyó seguramente a alertar su oído, pero la originalidad de su voz era evidente. Y si a la creatividad se aunaba la corrección, la charla de sobremesa se volvía lo que fue aquélla: un acto de encantamiento.

Sin mayor preámbulo, en la siguiente cita comencé a grabar sus recuerdos. Una buena química en la conversación, un ánimo festivo, un proyecto intelectual que podía ser interesante y que ambos entreveíamos con claridad, abrieron caminos de comunicación. "Por primera vez estoy abriendo mis entretelas", me dijo, como sorprendida por el torrente de imágenes y sensaciones antiguas y recientes, muchas de ellas íntimas, que le brotaban. Era una tarde en su casa de Polanco. Estaba sentada en uno de sus sillones barrocos, vestida toda de cuero negro con bordados y pasamanos de oro. La conversación duró casi cuatro horas. Vendrían muchas más.

Fue en aquella primera conversación cuando me contó, me reveló, la historia de su primer amor. Recordó los paseos a caballo abrazada a él, como soldadera, recordó su voz y su guitarra, su lunar en la mejilla, sus ojos claros, los rizos de su pelo rubio, su apostura cuando llegó a Guadalajara vestido con su riguroso uniforme militar. Las piernas le temblaban al verlo. Le decía el *Gato* y sobre su sentimiento acuñó una frase memorable: "El perfume del incesto no lo tiene otro amor".

María, en efecto, "abría sus entretelas". Me refirió que al advertir el embrión amoroso entre ella y su hermano Pablo, sus padres decidieron cortar por lo sano. Enviaron a Pablo al Colegio Militar. Tiempo después, cuenta María, Pablo murió, asesinado por la espalda. La conversación se detuvo muchas horas en la casa de Bernardo Félix: aquel padre durísimo, la madre aliada, la nana yaqui, las hermanas que como al José bíblico intentaron ahogarla en un pozo, la vida en Álamos, en el rancho El Quiriego, en Guadalajara; pero yo insistía en la historia de Pablo, adivinando en ella una clave maestra para comprender a la mítica mujer con la que conversaba. Mi interés no le sorprendía: lo compartía. Algo se descargaba en aquella confesión. Hablar de Pablo era un alivio.

Saliendo de su casa me comuniqué con un historiador y militar que quiero y respeto: el general Luis Garfias. Le pedí que gestionase la búsqueda del expediente de Pablo Félix Güereña, de quien sólo tenía el nombre y la certeza de que había pasado por el Colegio Militar en los años treinta. Días más tarde me llamó para decirme que lo había localizado.

Al recibir el documento comprobé el parecido impresionante entre los hermanos —el mismo clarísimo lunar en la mejilla— y apuré nerviosamente las páginas para confirmar la hipótesis que como una ráfaga me había cruzado al escuchar la narración de María. Guiado como por un imán la encontré.

María negó la versión del suicidio. No quise mostrarle el documento. Lo hubiera negado también. Su hermano "había sido asesinado, punto". Fue entonces cuando comprendí que escribir su biografía era, en sentido estricto, imposible. Como género hermanado a la historia, la condición primera de la biografía es la búsqueda de la verdad. Por definición, la verdad no puede emanar del sujeto mismo de la biografía, así tenga la "sesera" prodigiosa de María Félix. Como había hecho yo en el caso del hermano, cualquier biógrafo habría tenido que cruzar la información con versiones distintas y aun opuestas a las suyas, habría sondeado a sus hermanos y hermanas, a sus amores olvidados o soterrados, a sus querientes y malquerientes, habría abierto las entretelas de la leyenda y separado el mito de la realidad. Ejercer esa inquisición no me atraía.

Tampoco a ella: "¿Para qué insistes en buscar eso que tú llamas 'la verdad'?; la vida de una actriz es sueño, y si no es sueño no es nada. Registra lo que te cuento, recréalo como lo que es, un sueño, ésa es su 'verdad' profunda, no la otra".

Los dos teníamos razón. Tan verdadera era su verdad como la mía, pero nuestras verdades eran incompatibles. Había que encontrar un género que las representara a ambas. Yo no podía renunciar a la idea de recrear la vida de María Félix pero ella no accedería a saberse objeto de una investigación "científica". Por su parte, ella no quería renunciar a la idea de contar por fin su propia historia, pero cuidando siempre su textura onírica. La solución no era la biografía sino la autobiografía. No sería difícil armarla: las grabaciones consignaban ya una literatura oral que con leves afinaciones pasaría limpiamente a la página. Así nació este libro que me contó María Félix y que Enrique Serna, meticulosamente, transcribió y editó. Su contenido, como su título, es la *verdad* de María: la bitácora de todas sus guerras.

Se trata de un testimonio sin precedente en la vida mexicana. Además de su contenido, amenidad, ironía, además de su felicidad literaria, el texto importa por su valentía. ¿Cuántos generales o políticos o intelectuales mexicanos han abierto su vida íntima al público? Cabalmente, sólo Vasconcelos. Pues ahora María Félix les gana una vez más la partida: sale de la penumbra, se engalla frente a los reflectores y revela la verdad. Habrá quien señale errores u omisiones. ¿Qué memorias —o incluso, qué biografías o historias— no los tienen? Finalmente, en todos esos géneros, "los hechos, hechos son". Pero aún los observadores más exigentes convendrán en que más allá de *sus* verdades como sueños, María Félix ha vertido en esta guerra literaria elementos de comprensión profunda hacia su persona y personaje.

Vuelvo a Pablo. En la vida de María, ficción y realidad se han confundido frecuentemente pero nunca con la carga de significación de su última película: *La Generala*. En ella aparecen dos hermanos: Manuel y Mariana San Pedro. "Entre ellos existe —según la sinopsis de la productora Churubusco— un gran cariño y algunas actitudes que permiten suponer un amor incestuoso." Manuel muere asesinado. Mariana lo llora, abre su ropero y se pone su ropa, sus pantalones negros, y opera una transfiguración. Desde ese instante será la "Generala". Más adelante conoce a Alejandro Escandón, que es la viva estampa de su hermano. Él le pide que se casen, que abandone su vida revolucionaria. Ella acepta, y se hubiesen casado de no ser porque en la última escena la Generala muere acribillada. En la vida real es Pablo, el hermano de María, el que muere. Se sabe que María Félix, sobre todo en sus últimas películas, ajustaba los diálogos e incluso la trama a su gusto. Es como si hubiese hecho cuarenta y siete películas para decir eso, que ella hubiera preferido morir en vez de su hermano. Como no fue así, se calzó los pantalones y se lanzó al mundo a buscar una imagen que la reconciliara con su biografía, que fundiera a los dos hermanos en uno. La última imagen de María Félix en el cine es ésa: acribillada poco antes de casarse con Alejandro, que es como decir su hermano. "Sólo he sido una mujer con corazón de hombre", una mujer con el corazón de Pablo, su hermano.

Ésta no es toda la verdad de María Félix pero es una verdad que aclara un poco el ensueño de los hombres que la amaron, el de sus *fans* a uno y otro lado del Atlántico, y su propio sueño. La tragedia de su sentimiento amoroso por Pablo no engendró sólo un personaje memorable o un mito: engendró un ídolo y una idolatría. "Esa mujer tan bella que hace daño", como decía Jean Cocteau, la que se ha quedado sin alma, la devoradora, la de todos y de nadie, la Juana gallo, la doña, la bárbara, la diabla, la generala, la que elige a sus hombres y los desecha, la que cohibía a sus directores, la que hace siempre lo que le *conviene*, la "guapa con entendederas", cumplió —hermanó— los deseos recónditos de un pueblo machista y mariano, volviéndose un ídolo dual: "machángeles", como le decía Agustín Lara. A pesar de las "entretelas abiertas" el misterio perdura. Lo ilumina apenas la luz que a María "le conviene", la luz de la penumbra, pero es claro que de esta guerra María Félix ha salido una vez más victoriosa. Su "verdad" y la verdad son una sola. *El perfume del incesto no lo tiene otro amor.*

Enrique Krauze

La belleza para mí ha sido una buena almohada

Capítulo I

UNA MUJER DE GUERRA

Aquí estoy, desentilichando el alma. Contar mi vida en un libro ha sido la más difícil de mis guerras. Para hacerlo tuve que apretar mis marfiles, porque hablar de uno mismo en público es como dar un salto al vacío. Se necesita valor, pero también inteligencia, para revelar sentimientos y decir verdades que forman parte de nuestro ser más íntimo. Desde joven he manejado mi vida privada con la mayor discreción. Por discreta rechacé tercamente a muchos escritores y periodistas, algunos de gran valía, que me trataron de arrancar secretos. Pero el año pasado, cuando el historiador Enrique Krauze me propuso tener una serie de entrevistas conmigo para escribir mi biografía, pensé que tal vez había llegado el momento de compartir con mi público los recuerdos y vivencias que se me han acumulado en la cabeza con el correr de los años.

A Enrique le gustó mi manera de conversar y prefirió que yo le arrebatara la palabra en el libro. Me puso en un aprieto porque no soy escritora. Tampoco sé distinguir entre lo que tiene interés para los demás y lo que tiene interés para mí. Con su ayuda organicé por épocas y temas, como si engarzara cuentas en un collar, los recuerdos que se me venían a la mente en desorden. La autobiografía que habíamos proyectado se convirtió en algo más fresco: un relato informal escrito con mi propio lenguaje, que al igual que mi vida es algo fuera de lo común, porque me gusta mucho inventar palabras.

Entre amigos digo con frecuencia que ya hice todas las guerras y quise que un libro tan personal como éste llevara mi sello desde el título. En efecto, he librado todas las guerras habidas y por haber, luchando como fiera por sobrevivir. En el cine gané una guerra personal cuando me propuse ser la mejor. En la vida he ganado guerras más difíciles por defender mi libertad contra viento y marea. También el amor es una guerra. Yo no me puedo quejar de los hombres, porque los he tenido a montones y me han tratado fabulosamente, pero a veces tuve que lastimarlos para impedir que me sojuzgaran.

De esas guerras quiero hablar y de los obstáculos que venzo todos los días para ganarlas. No soy nostálgica ni me gusta pensar en el pasado, aunque tengo una memoria insoportable por haberla fueteado toda mi vida. La memoria es un músculo que se atrofia si no se ejercita y yo lo he mantenido en forma gracias al hábito de la lectura. Nada es tan fácil para mí como recordar con pelos y señales algo que me pasó hace veinte o treinta años, pero no he querido hacer un libro de memorias en el sentido tradicional del género, porque mis guerras no han terminado. Todavía me quedan muchas por delante y por eso me propuse que este libro reflejara sobre todo a la María Félix de hoy, con su visión del presente. Recordaré muchas anécdotas alegres y aterradoras en las páginas que siguen, pero siempre con los pies en el ahora, que para mí es lo más importante.

Por higiene mental y por falta de espacio en mis cajones he quemado cartas de Agustín Lara, he roto la guitarra que me regaló Pedro Infante, he regalado a mi hijo Enrique muchos carteles y fotos y recortes de periódicos de todo el mundo que me estorbaban para respirar. Quique se enoja cuando hago fogatas con mis recuerdos, pero yo prefiero vivir el momento sin esos fantasmas. ¿Para qué voy a guardar cosas de tanta gente que ahora está empujando margaritas en los cementerios?

Sé que mi manera de expresarme no es muy diplomática. Digo siempre lo que pienso y eso me ha acarreado antipatías: que si tengo mal carácter, que si soy farolona, que si nada más mis chicharrones truenan. Pero así es mi personalidad y no puedo cambiarla. Yo no estoy acostumbrada a mentir, ni siquiera en defensa propia. Digo la verdad hasta cuando va en contra mía. Siempre he sido respondona, tengo un natural peleonero. Soy amable ante las buenas maneras, pero cuando me empujan a pelear no le tengo miedo a nada. Si alguien me ataca, yo me defiendo.

Durante mi vida he sido acusada del secuestro de mi propio hijo, del asesinato de mi secretaria, del robo de un collar de esmeraldas que se me dio como regalo de bodas, de haberme casado con un hombre sólo por su dinero, de ser amante de otro con miras publicitarias, de lesbianismo y hasta de ser adicta a las drogas. No pretendo ser un ángel porque para eso se necesita aureola, pero tampoco soy el diablo en forma de mujer.

Todo lo que la gente cuenta de mí es mentira, información chafa. La mayor parte de mis entrevistas han sido inventadas de mala fe. Nunca he demandado a mis difamadores porque no es mi papel. Como figura pública sé que estoy expuesta a todo. Comprendo que los periodistas quieran hacerse notar a mi costa y no me preocupa lo que escriban de mí —siempre y cuando no se metan con mi hijo— porque el público estuvo y estará siempre de mi lado. También los periodistas de primera clase: un Renato Leduc, por ejemplo, un Efraín Huerta, un Jacobo Zabludovsky, un Carlos Monsiváis, un Guillermo Ochoa. Conmigo se han metido las plumas de segunda y alguno que otro mujerujo de inmerecida fama internacional.

Me tienen sin cuidado las majaderías de la prensa, pero hay un refrán que dice: "Calumnia, que algo queda". Ésa es una de las razones que me animaron a contar mis guerras: mostrarme como verdaderamente soy, sin la leyenda negra que han propalado mis enemigos. Puedo hablar con absoluta libertad porque mi vida no puede ser un ejemplo para nadie, aunque me felicito de haber contribuido en algo a la liberación de la mujer mexicana, que era una esclava del macho cuando yo empecé a darme a conocer. Pero eso no significa que mi vida sea un modelo a seguir, porque se necesita un egoísmo formidable para ser como yo. Hay que pasar por encima de todo y de todos. Con un chocolate en la boca no hubiera llegado a ninguna parte. De pequeña, mi madre me inculcó una frase: "Primero número uno que número dos". Ésa fue mi meta y para alcanzarla no podía ser una blanca paloma. Tuvieron que rodar cabezas.

En las entrevistas me ponen una cara de taruga que no tengo y me atribuyen frases cursis que nunca dije. Me divierte la obsesión de los reporteros por mi edad. Según ellos, tengo 120 años. He llegado a pensar que la historia de mis años no es mía, es una historia de los demás. Yo no tengo la obsesión de que me caen los años, lo juro por los clavos de una puerta vieja. En México, cuando la quieren insultar a una, le dicen que está vieja. Yo no le tengo miedo a la vejez, le tengo miedo a algo más peligroso: al derrumbe de una mujer. No le temo a las canas ni a las arrugas, sino a la falta de interés por la vida. No le tengo miedo a que me caigan los años encima, sino a caerme yo misma. Evitarlo depende de mí, y por eso ando girita como una bicicleta.

Yo puedo ufanarme de ganarle al tiempo. Para eso hay sistemas. El mío es no doblegarme, vivir a plenitud. Tengo un gran amor a la vida y un gran interés en que las flores sean bonitas y en tomar café caliente. El espejo no engaña y en él puedo ver todos los días el brillo de mis ojos. La arruga llega, la cana también, pero la figura se puede conservar a fuerza de método, como dicen los ingleses.

Para eso ayudan mucho los hombres. No tendría la cara y la energía que tengo si estuviera sola. Un hombre en casa hace un ambiente de amor. Para mí es una maravilla: me motiva a arreglarme, a estar guapa, a gustar. Me motiva la noche. Yo soy la imagen de la salud, de alguien que se mueve bien en su piel y está de acuerdo consigo misma. Soy la imagen del gusto por la vida, del ojito nuevo. Todo me interesa, todo me llama la atención, hasta los noticieros. Me siento bien. Y si alguien está joven por dentro, eso naturalmente se refleja en la guapeza exterior.

Entre mis guerras no menciono la del éxito porque no me costó ningún trabajo obtenerlo. Más bien he luchado por no creérmelo. Desde niña sólo recibí cumplidos y halagos. Para mí, la belleza es una condición natural. No me pongo en la punta del sombrero todo lo que he hecho con ella, porque fue un regalo de la vida. La belleza para mí ha sido una buena almohada. Por eso, cuando alguien me ataca, sencillamente no comprendo el motivo, porque estoy acostumbrada a que me echen flores

Con la imagen que el público se ha hecho de mí no hubiera podido vivir. Tuve que hacerme mi propia imagen para no perder el equilibrio. Desde que empecé a triunfar hice una separación entre mi verdadero ser y la imagen que reflejo. Si yo me hubiera creído tan maravillosa como la gente decía de mí, hace tiempo que me hubiera vuelto loca o drogadicta o alcohólica. Todo el mundo me festejaba por cualquier cosa: ¡Oh, qué inteligencia! ¡Qué guapa! ¡Qué gran sentido del humor! ¡Cómo viste, qué elegancia! Nunca me creí tan guapa, ni tan simpática, ni tan inteligente, ni tan divertida. Yo siempre guardé mis distancias con la otra María, sin dejar que su reflejo me encandilara.

Ser una estrella de cine no es difícil. Lo difícil es aguantar el éxito. Emborracha, marea mucho más que una botella de aguardiente barato. Se necesita tener la tripa sonorense, la pata en la tierra, para seguir siendo más o menos normal. He conocido el gran éxito, me han llamado la mujer más hermosa del mundo en revistas internacionales de gran tiraje como *Life*, *Paris-Match* y *Esquire*, y para cualquiera resulta duro aguantar ese paquete. Yo no creo en mi propia imagen, pero me divierto mucho con ella.

El éxito es traicionero, cambia a las personas. Hay que tener los pies en la tierra para asimilarlo y no dejar que nos gane la partida. Pero la autocrítica no quiere decir que uno deba ocultar sus cualidades. Yo soy una mujer muy bella. ¡Claro que sí! Me he conservado en la cumbre por mis propios méritos. Algún día, cuando me vuelva vieja, me vestiré toda de negro, me peinaré de chongo y caminaré despacio por un bello jardín con un bastón en la mano para pegarle a los niños que al verme griten: ¡Es María Félix, es María Félix!

El éxito lo considero inferior a la celebridad. Éxito lo puede tener mucha gente. La celebridad te coloca y te apoya toda la vida. El éxito depende de las circunstancias, de la suerte y de que la sepas aprovechar. El éxito lo haces tú. La celebridad te la dan los demás.

Mi iniciación en el cine fue fabulosa. Yo nunca luché por un papel: me los daban todos. Nunca sufrí por subir, ni por tener dinero ni por amar a un hombre. Para lo único que sí he luchado, y muy fuerte, es para aprender, porque yo entré al cine sin saber una palabra de actuación. Me enseñó la vida, me enseñó el paso. Aprendí a trabajar en un idioma que no era el mío, aprendí a tratar a la gente importante de igual a igual y a tener una disciplina de soldado, me gustara o no, porque es la única manera de dominar un oficio y de que te tomen en serio.

Claro que si hubiera sido tonta no me habría mantenido cincuenta años en el mismo lugar, ni con todo el oficio del mundo. La imbecilidad no lleva a ningún lado. Mi oficio ha sido ser guapa, lo he dicho otras veces, pero una guapa con entendederas, para saber qué me convenía en el cine y qué me convenía en la vida.

Mi celebridad no fue un premio del destino. Fue la consecuencia natural de haber elegido siempre lo que me convenía. Ese verbo, *convenir*, ha sido la clave de mi conducta, y no es de extrañar que lo repita mucho en este libro. Mi egoísmo ha consistido en rechazar películas, amistades, ofertas de matrimonio que no me convenían. Para eso hay que poner la sangre fría por encima del sentimiento. He huido de todo aquello que pudiera debilitar mi fuerza de voluntad, empezando por el alcohol, que a tanta gente subyuga. Yo ni cerveza tomo. Una copa de champaña alguna vez, para espumarme un poco, pero nada que me haga perder el control. Nunca me he emborrachado porque estoy como ebria todo el tiempo. ¿Qué necesidad tengo de beber si para mí la sobriedad es una borrachera?

Por haber hecho siempre lo que me convenía, el éxito y la celebridad me trajeron el bienestar económico. No digo que tenga las talegas de dinero, como la gente cree. Hablar de dinero es de muy mal gusto, presumir de lo que uno tiene es peor. Yo tengo *grosso modo* para mis necesidades, para mis cosas, y nunca me ha interesado competir con fulana o mengana en riqueza. Pero el billete es importantísimo en la vida. No da la felicidad, ya se sabe, ¡pero cómo calma los nervios! La riqueza es lo superfluo, el lujo, el adorno. La riqueza es lo que no hace falta: un paseo, unas vacaciones, objetos de arte, antigüedades. Para la mayoría de la gente lo superfluo no es necesario. Para mí, sí. Una vez dije: llegaré a tener una maleta llena de dinero. Cuando la tuve ya repleta, iba y metía la mano y gastaba lo que alcanzara a sacar con el puño. Luego quise otra maleta y otra... hasta que se inventaron las tarjetas de crédito.

En mi caso, el dinero ha sido hasta cierto punto una herramienta de trabajo, porque represento a mi país en el extranjero. Cuando me hacen un reportaje en otras partes del mundo escriben: "la mexicana María Félix". Yo no soy únicamente yo, soy la imagen de mi nación. Y cómo va a quedar mal la mujer mexicana, eso sí que no, cómo voy a quedar mal yo misma con mi público. No, señor. Llego a París y me paso horas escogiendo ropa con los modistos, porque nadie sabe tan bien como yo qué es lo que no me va. El buen tacuche ha sido uno de mis vicios: me gustan los buenos trapos y sé cómo llevarlos.

Vale más dar envidia que piedad. Si yo dijera delante del mundo que soy pobre, nadie me lo iba a creer. Tengo mi Rolls, tengo mis joyas, mis pinturas, y otras cosas que no escondo porque me las gané con mi voluntad y con mi disciplina. ¿Cómo quieren que me vista? ¿De huarache? De huarache sólo en mis películas de revolucionaria, pero ante mi público me pongo mis mejores alhajas y mis mejores galas, porque así están acostumbrados a verme. ¿Se ha visto alguna vez a un indio con huarache que ande descalzo? En la calle es distinto. Ya no puedo salir con mis joyas como antes porque el mundo ha cambiado, hay demasiada pobreza y ahora es una provocación llevarlas.

Yo hice billete trabajando. Ya tenía mi pequeña fortuna cuando me casé con Alex. La diferencia es que desde entonces pago al contado. Antes pagaba en abonos, como decimos en México, o "a temperamento", como dicen los franceses. Y para ser rico en abonos hay que remar, por eso yo siempre cobré mucho en el cine. Ahora que he cumplido algunas de mis ambiciones en el renglón del billete, ya no sueño con joyas ni vestidos ni viajes; sueño con chilindrinas, chiles rellenos, bolillos, todo lo que no me puedo comer.

De joven yo no esperaba ser rica, sólo quería independencia, mantenerme sin tener que depender de un señor. Eso de casarme con un tipo para que me comprara medias me parecía un horror. Y gracias a que tuve independencia pude escoger a mis hombres, a mí nadie me escogió. Jamás pensé en hacerme rica casándome con un millonario. Si el hombre que adoro y el hombre que me gusta tiene dinero, pues no me molesta para nada... ¡pero para nada! Hacer circo, maroma y teatro con alguien que me gusta no tiene nada de malo. Pero si tengo que irme a la cama con un señor que no me gusta, prefiero procurarme yo sola mis lujos. Cuando un tipo no me gusta, yo como mula maizera me quedo parada y de ahí no me mueven.

Claro que la independencia en el amor es muy relativa. Muchas veces tuve que elegir entre la libertad y el hombre que amaba, porque no era posible juntar las dos cosas, en especial con los mexicanos, que son tan posesivos. El mexicano aventaja a cualquiera en generosidad. Es capaz de vender su casa, de venderlo todo con tal de dárselo a una; pero cuando salen celosos son capaces de encerrarte en un cuarto con doble llave ¡y olvídate de que existes! A mí eso me fastidia porque yo nunca he tenido celos de nadie. Y como no tengo ese horrible defecto he buscado hombres que sean como yo, que me quieran sin restringirme la libertad. Alex fue uno de ellos, el otro es Antoine.

Quizá no he sufrido el tormento de los celos porque nunca me enamoro de un hombre al extremo de sufrir por él. Sin embargo, lo que más me gusta en el amor es querer, pues querida lo he sido siempre, a veces demasiado.

Conocí el amor loco, la pasión sin freno, pero me duraron poco porque a esa tensión, a esos voltios, a esa temperatura de cuarenta grados no se puede vivir mucho tiempo. Después de que uno arde en llamas la pasión se va y entonces queda una cosa confortable, menos intensa pero más divertida.

Yo no soy de las mujeres que adoran a sus amantes. ¡Dios me libre! Pido independencia y también la concedo. Antoine y yo tenemos una relación magnífica porque no estamos viéndonos la cara todos los días. Hay amor porque está lejos. Me da gusto pensar en volverlo a ver, y seguramente nuestra relación ha sido tan buena y tan duradera porque no estamos todo el tiempo juntos. La ausencia es una maravilla. El ir y volver es mi idea del romanticismo. La costumbre mata al amor tanto como los celos.

Detesto a las parejas que atosigan. Él por su lado y yo por el mío, para que nos dé gusto encontrarnos. Las mujeres se torturan pensando que su marido es infiel, que se va con otra. Yo pienso al revés. Para que un señor aprecie lo que tiene en casa, tiene que probar otras. Y entonces, cuando tienen cola que les pisen, es cuando se ponen más contentos y se vuelven más generosos. El amor es voz, el amor es puerta cerrada, el amor es tantas cosas, pero sobre todo es protocolo y misterio. Y eso se pierde con el trato, con la rutina diaria.

Todos mis hombres han sido *sexys*. No tengo un concepto preciso de belleza masculina: un hombre puede ser guapo de muchas maneras. Lo ideal sería encontrar un hombre que reuniera el *esprit* del francés, el *charme* del italiano, el dinamismo del gringo y la generosidad del mexicano, pero que además fuera *sexy*, porque sin eso todo lo demás no importa. ¿Cómo defino yo al *sexy*? Pues el *sexy* es el hombre con el que una tiene ganas de hacer el amor cuando lo ve vestido. Basta cruzar una mirada con él y la vela está prendida. Ese deseo no lo despierta un guapete cualquiera. El *sexy* es el que tiene estilacho, el que te habla bajito, el que se pone más guapo cuando cierra la puerta, el macho con palabras de amor.

Cuando pasa el amor de cuarenta grados, el amor loco, entonces queda el sexo. Por eso es fundamental tener en casa a un hombre atractivo. El amor se apaga, el sexo no. El sexo es una cosa que, como dicen los franceses, *va de soi*, está siempre a la mano. El erotismo se puede tener o no tener: el sexo nunca nos abandona. Cuando se juntan las dos cosas es sublime, lástima que dure tan poco. Eso para mí es la felicidad: sentir pasión por un hombre y estar con él a puerta cerrada.

Cuando no hay sexo puede haber amor, eso que se llama amistad amorosa, que también la he tenido, pero no es lo mismo. Hubo amigos que comenzaban muy fraternales y que después no eran amigos, que ya estábamos más que amigos. Entonces yo les marcaba el alto, pero me seguían queriendo. Muchos vienen a verme de París o de Nueva York y tomamos una copa, cómo no, pero yo nunca he sido ese tipo de gente que sin amigos no puede vivir. Yo me valgo sola muy bien. Siempre pude ir al cine sola (en París, no aquí), siempre fui a buscar un libro sola. Puedo estar sola en mi casa porque no la siento vacía, me siento acompañada conmigo misma. He vivido sola en Roma, en Madrid, en Buenos Aires y en París muchos años. Lo de sola es un decir porque siempre tuve compañía masculina aunque no estuviera atada a nadie. Siempre había un hombre junto a mí, o varios, para que yo escogiera. El asunto hombres se me ha dado muy bien. Con hombres importantes en plan de amistad, con gentes que me han querido. A los famosos no los busqué. Llegaron a mi vida y a mi trabajo. En cambio he tenido pocas amigas mujeres, pero muy queridas.

Mi amigo también es el público de México, los mexicanos en general. ¡Qué gentil, qué fino, qué caballero es el mexicano! Salvo las excepciones de rigor, el mexicano siempre se me ha acercado con una finura extraordinaria. Ve en mí algo muy suyo, su mujer de lujo, su mujer ideal. Se siente orgulloso de ser mexicano cuando puede mostrarme como un producto de su pueblo, y yo estoy orgullosa de serlo. La gente me quiere y me ha dado infinitas pruebas. Y no guardo, con la gente, resentimiento alguno. Pudieron pasarla muy bien sin mí, pero no me olvidaron.

Mi mexicanismo no es localista porque he viajado tanto que ya no soy de ninguna parte. Me considero una mujer internacional, sin atavismos de ninguna especie. Cuando estoy en México extraño París y cuando estoy en París extraño México. Me emocionan mis volcanes, mi zócalo, mi catedral, pero mi entusiasmo no es patriotero. Admiro nuestras virtudes y también señalo nuestros defectos. Actualmente me preocupa el desastre en que se ha convertido el Distrito Federal. Por eso protesté cuando el Centro Histórico estaba lleno de vendedores ambulantes y ahora veo con satisfacción que las autoridades atendieron mi queja. El día que lo vi limpio fue uno de los más felices de mi vida. Ojalá me hagan caso de nuevo y quiten el horror amarillo color taxi que pusieron en lugar del Caballito.

La historia de mi vida parece inventada porque me han sucedido cosas fabulosas. Amé, hice películas que ahora son clásicas, viví en las ciudades más bellas del mundo y en todas partes me acogió la aristocracia del talento. Qué más puedo pedir. Al volver la vista atrás, ahora que me dispongo a empezar el relato de mi vida, me pregunto si he sido feliz. No lo sé. La felicidad es algo tan relativo. Lo que hace felices a otros a mí me deja indiferente, y viceversa. Yo soy feliz con lo que tengo y con lo que he logrado. Mi satisfacción mayor es haber hecho todo lo que quise y poder hablar de realizaciones, no de sueños. Tuve suerte porque me dejé ayudar por ella, porque siempre llevé las riendas de mi vida. En eso nunca desmayé. La gente admira mi belleza y mi inteligencia, pero sólo he sido una mujer con corazón de hombre. Una mujer de guerra.

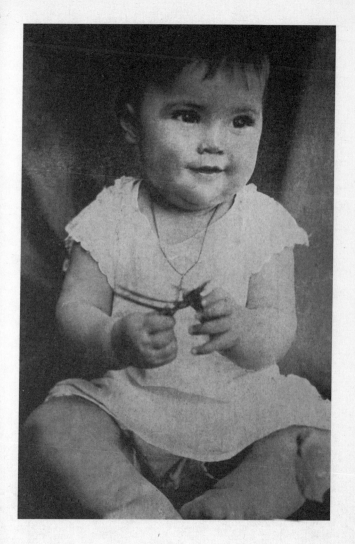

Mi primera foto, a los ocho meses

CAPÍTULO II

INFANCIA EN ÁLAMOS

Hay objetos que tienen la magia de hacernos volver al pasado. Hace poco, limpiando una cómoda en mi casa de Polanco, tiré a la basura montones de cartas y papeles amarillentos. Entre la correspondencia cubierta de polvo encontré un tesoro: el oficio parvo de mi madre, un libro de oraciones de la época en que estudiaba en un convento con dos de sus hermanas, Felícitas y Rosario. Al hojearlo me vino a la mente, como un relámpago, el recuerdo de mi infancia en Álamos, cuando mamá nos ponía a rezar esas oraciones en latín, empeñada en contagiarnos su devoción.

Mi madre, Josefina Güereña, nació en Álamos, Sonora. Hija de padres españoles que tenían una situación económica holgada —eran plateros—, se crió en un ambiente de fervor y recogimiento. Mis abuelos eran muy católicos, lo que se dice mochos, y la mandaron desde niña al convento de Pico Heights, en el sur de California. Como todas las novicias, estaba acostumbrada a seguir las indicaciones del oficio parvo, los maitines y esas cosas del ritual católico. De tanto vivir allá se le olvidó el español. Hubiera terminado de monja, como le sucedió a Felícitas y Rosario, pero a los dieciséis años pasó unas vacaciones con su familia y conoció a mi padre. Se casaron el 19 de enero de 1901, tras un breve y formal noviazgo, con el consentimiento de las dos familias. La fecha está grabada en el anillo de matrimonio de mi mamá, otra de las reliquias familiares que encontré en la cómoda.

A mis tías monjas prácticamente no las traté, sólo una vez acompañé a Chefa a Los Ángeles (así le decíamos de cariño) a visitar a la madre Felícitas. Me habló en inglés y no le entendí nada. La madre Rosario se fue a Arizona y mi mamá le perdió la pista cuando estalló la Revolución.

La juventud de mi madre fue un parto continuo. Tuvo dieciséis hijos, de los cuales vivieron doce, seis hombres y seis mujeres: Josefina, María de la Paz, Bernardo, Miguel, María Mercedes, Fernando, María del Sacramento, Pablo, María de los Ángeles (que soy yo), Victoria Eugenia, Ricardo y Benjamín. En las familias numerosas es inevitable que los padres se encariñen más con alguno de los hijos y yo tuve la suerte de que mi mamá se ocupara personalmente de mí. Era su consentida, por eso tuve muchos problemas con mis hermanas, que se sentían un poco relegadas.

Hasta la fecha veo a mi madre como una giganta. Siempre me motivó a hacer bien las cosas. Trataba de parecerme a ella en todo y la idea fija de mi niñez era que algún día llegara a sentirse orgullosa de mí. Chefa quería darme una educación especial para que yo fuera lo que ella nunca pudo ser: una persona independiente. Se había casado muy joven y no tuvo tiempo de hacer una vida propia. Era muy rubia, muy delgada, blanquísima, enormemente guapa. Ella me aconsejó cómo ser bella: "No es suficiente ser bonita —decía—, hay que saber serlo." Desde chiquita me enseñó con suavidad los buenos modales, la manera de caminar con prestancias de sentarme con el cuerpo derecho. Decía que para ser guapa hacía falta tener un estilo propio: "Una mujer nunca es demasiado alta ni demasiado delgada. Cuida tu figura porque la armonía es la base de todo." Para que no anduviera encorvada me puso tirantes. Eran de lo más incómodo, pero nunca me rebelé contra ellos, por eso tengo la espalda tan derecha.

Ella siempre andaba muy arreglada, peinadísima. Vivió hasta los noventa y un años y aún entonces procuraba estar bien vestida, pulcra, elegante, con sus cuellos mil novecientos y sus grandes aretes de oro. Decía que traer aretes de oro era darle otro ritmo a la sangre. En su propia casa parecía una visita: muy propia y discreta siempre, muy correcta en su trato.

De mi padre no puedo hablar con el mismo cariño. Era un hombre que no mostraba sus emociones. Delgado como un cuchillo filoso, alto, guapo, de tez rojiza tirando a marrón, era la imagen de la autoridad viril. Tenía facciones muy nobles: frente arrogante, nariz recta, ojos que te hacían un agujero en el alma. Nació en el Valle del Yaqui, pero bien podía haber pasado por europeo. Los yaquis, como toda la gente del norte de México, tienen un físico muy diferente al de la población del centro y del sur. Son más grandes, más corpulentos y de carácter individualista. Para sentarse a la mesa se ponía saco, era muy formal en el vestir.

En la casa ejercía el mando con órdenes fulminantes, sin dar explicaciones de nada. Las mujeres de la casa éramos poquita cosa de acuerdo a como él nos veía. Sólo se preocupaba por la educación de los hombres, a quienes trataba con mano de hierro. Para él era como un deporte agarrar a cinchazos a mi hermano Pablo, que recibía los golpes de hebilla sin quebrantarse, como un mártir, porque su orgullo no le permitía gritar.

Después de la zumba entraba mi mamá a curarlo. Yo vi las heridas que le hacía. Por supuesto que no era malo de tiempo completo, pero la imagen que me queda de él es de un rigor excesivo.

Conmigo y con mis hermanas era duro de otra manera. En la mesa no teníamos derecho a hablar. Estaba prohibido hablarle de tú y molestarlo en su despacho. Primero se dedicó al comercio, luego trabajó en el gobierno. Lo que más me impresionaba de él, aparte de su imponente personalidad y su figura de tirano doméstico, era su tono de voz: una voz imperiosa, tremenda.

Mi madre jamás le llevaba la contra. Que yo recuerde sólo una vez le alzó la voz, y como mi papá le reclamó por sus gritos ella se inventó una excusa muy chistosa:

—No grito —le dijo—, lo que pasa es que tengo la voz importante.

Ella no era débil. Tenía carácter y don de mando para dirigir la casa, pero con su marido era sumisa. "Tú dile siempre que sí a tu padre, para no tener problemas", me aconsejaba. Toda la vida se sometió a su dureza y nunca pudo decirle cara a cara lo que pensaba de él. Yo le servía de intermediaria para reclamarle. Mi papá tenía por costumbre sentarnos a la mesa y reprendernos por cualquier travesura con su vozarrón de ogro. Nos daba sermones aburridísimos sobre lo que él creía que era el buen comportamiento: estar mudo y casi no existir. Esos regaños le molestaban a mi mamá, pero no tenía valor para criticarlo. Entonces me llamaba a recibir instrucciones, como si me pusiera un papel de teatro: "Mira, ve con tu papá y le dices esto y lo otro como si fuera cosa tuya, pero no le digas que yo te mandé", y ponía la reclamación por escrito. Amparada en mi niñez, iba al escritorio de mi papá con el papel aprendido y le soltaba cosas como éstas:

—¿No le da pena a usted que es tan grande y tan importante gritarle a una niña tan delicada como yo? Su voz no me deja dormir, la oigo hasta en sueños.

Él se quedaba perplejo con mi atrevimiento. Debe haber pensado que le había salido una niña genio que hablaba como persona mayor y no se atrevía a castigarme porque respetaba mi valentía. Fui la única mujer del mundo que lo regañó.

Pero daría una falsa impresión de mi padre si lo pintara como un dictador sin rasgos humanos. Mientras ponía mis recuerdos en orden, con miras a describirlo en este libro, tuve un sueño que fue como una petición de justicia para él. Estaba en el interior de una iglesia majestuosa, paseando por la nave principal, cuando apareció una mujer con el rostro cubierto de la que sólo vi su silueta. Era Chefa, y me dijo: "En lo que estás haciendo no hables mal de tu padre." Yo quería decir algo y no me salía la voz, lo intentaba de nuevo y era imposible: no articulaba palabra. Al día siguiente pensé: ¿por qué me lo dijo? ¿Sabrá que estoy lavando mis recuerdos? Abrí otra vez el oficio parvo que había encontrado en la cómoda y saltaron unos papeles que cayeron al suelo. El primero era un recado de mi madre que seguramente me dejó escrito al salir de viaje: "Nunca estés triste porque no estoy contigo, siempre estaré en la pieza de al lado." Junto al recado había unos versos que mi padre le compuso para que los leyera cuando él estaba lejos:

Sufre y espera, Chefa, pero en calma,
ten los brazos abiertos mientras llego,
y en lo más escondido de tu alma,
conserva mi recuerdo, te lo ruego.

Si mi papá hubiera sido tan cruel y tan huraño como parecía no habría sido tan cariñoso con su mujer. Al menos con ella se quitaba de vez en cuando la coraza de hielo. Aquel hombre adusto y severo guardaba "en lo más escondido de su alma" un temperamento sentimental que sólo por escrito se permitía desahogar.

Pasé mi niñez entre la casa de mis padres, en Álamos, y el rancho de mis abuelos, que estaba cerca del pueblo y se llamaba El Quiriego. De Álamos conservo un recuerdo agradable. Había sido un gran centro minero en el siglo XIX y conservaba una atmósfera de abolengo como la de Taxco, sin sus bellezas arquitectónicas. Nuestra casa era muy grande, con tres patios, horno de ladrillo, recámaras de techo muy alto. Se hacía mucha comida porque éramos un regimiento, y la cocina era el rincón más animado de la casa. Las tortillas de harina eran enormes, las cocineras las aplanaban con las manos. Vivíamos con dignidad y sin pasar apuros aunque no éramos ricos.

Tuve una nana yaqui, Jana, que me hablaba la mitad en español y la otra mitad en su lengua. Algunas de sus frases en yaqui se me quedaron grabadas. Por ejemplo, "Dios en chanía", que quiere decir "buenos días", y "Dios en chócori", que significa "buenos los tenga usted".

Prefería jugar con mis hermanos que con mis hermanas. Fui una niña rebelde y salvaje. Aborrecía las muñecas y todos los juegos de mujercitas, pero me gustaba trepar a los árboles, correr, echar volados. Con mis hermanas me aburría porque eran muy serias, muy modositas, completamente distintas a mí. Con los hombres me sentía más libre y era su cómplice cuando se trataba de molestar a mis hermanas. Ellas me consideraban un monstruo porque me ponía pantalones. Los celos y las envidias que me tenían por ser la preferida de la casa fueron la carga más pesada de mi niñez. El origen de su encono era nuestra diferencia física. Mis hermanas eran todas rubias por herencia materna. Yo salí a mi papá, de quien heredé los ojos, el corte de las facciones y un mechón de pelo cano que sólo mostré en *Doña Bárbara* (de mamá heredé las manos angulosas). Mis hermanas no podían soportar que yo tuviera parecido con mi padre. Mi mamá me había enseñado a no dejarme de nadie. "Si te dan un puñetazo —me decía—, tú devuelve dos." Y como yo tenía mucha práctica en los puñetazos por mi trato con los hombres, me resultaba sencillo aplicar el consejo con mis hermanas.

Otro motivo de envidia fueron las gracias que aprendí en la escuela, donde me hacían recitar en las fiestas de fin de cursos. Me hicieron mucha burla cuando salí vestida de japonesa recitando un poema que todavía recuerdo línea por línea:

La bella Gensi Lilas
de inverosímil pie,
que tiene en sus pupilas
color de hojas de té,
mirando el Fujiyama
le dijo a Nan Kisú:
tan grande así es la llama
que en mí encendiste tú.
No admiran los nipones
en su naciente sol
ni tú en mis ilusiones
más fúlgido arrebol.
Pues tu mirar me quema
no mires más que a mí.
yo soy la crisantema
nacida para ti.

En otra ocasión, interpretando a Judith con traje de bayadera, recité un poema del que recuerdo la primera estrofa:

Collar y mitra lleva la judía
y blanco velo para más decoro,
anillos que costaron un tesoro,
túnica de Sidón de gran valía
y en su orla cuelgan campanillas de oro.

El orgullo de mi madre se desbordaba cuando yo salía declamando en las fiestas y eso molestaba a mis hermanas, que ya tenían suficiente con los golpes físicos para soportar ese golpe moral. Un domingo en que fuimos de día de campo a El Quiriego me quisieron matar. Yo estaba jugando en el brocal de un pozo con un perico que traía en el hombro cuando una de mis hermanas, no sé cuál, me tiró al fondo de un empujón. Gracias a Dios estaba seco, pero de todos modos me llevé un susto espantoso. Estuve muchas horas pidiendo socorro en la oscuridad, entre sapos y lagartijas. Mi papá y mis hermanos me buscaron por todo el rancho, pero el pozo quedaba en un sitio muy apartado y la hermana que me empujó se hizo la desentendida para que no me hallaran. Ya entrada la noche oí un golpeteo de caballos, grité ¡auxilio! Y vinieron a rescatarme. Fue la primera vez que pensé en la muerte.

Pero no quiero que las evocaciones de mi niñez terminen con esa experiencia traumática. En el rancho de mis abuelos también viví momentos felices, aventuras que se han fijado en mi recuerdo con un color deslumbrante. Los juegos con mi hermano Pablo eran fabulosos. Montábamos a pelo de El Quiriego a El Moyawi, un sitio cercano a la hacienda, y a toda velocidad nos cambiábamos de montura, como en el circo. Mi caballo era un hermoso alazán al que mi abuelo le puso Mil Pesos porque le pagaron con él una deuda por esa cantidad. Teníamos que galopar a un metro de distancia y estar muy bien compenetrados para saltar al otro caballo en el momento oportuno. El juego se llamaba "paradas indias". Nos lo enseñó un peón yaqui de mis abuelos y pudo costarme la vida, pero a esa edad uno juega con la muerte sin medir el peligro.

Quien ha experimentado una sensación de libertad como la mía en esas cabalgatas locas no se puede conformar de grande con el encierro y la opresión moral que aceptaban con resignación las jóvenes de mis tiempos. Yo quería seguir cabalgando a pelo y para ello tuve que rebelarme contra la familia, contra el yugo de los afectos que matan. Ésa fue mi primera guerra: la guerra por decidir el rumbo de mi destino.

La adolescencia es una flor que se abre

Capítulo III

EL ANSIA DE LIBERTAD

Nos mudamos a Guadalajara cuando el presidente Obregón, que era muy amigo de mi papá, lo nombró jefe de la Oficina Federal de Hacienda. Era un puesto de alta responsabilidad, que no le daban a cualquier tarado. Antes había ocupado el mismo cargo en Mazatlán, cuando yo era muy chica, y también estuvo un tiempo en Chiapa de Corzo. Como la familia no se podía trasladar a todos esos lugares, mi madre lo visitaba con alguno de nosotros. Yo la acompañé a Chiapas y el sur de mi país me dejó una huella muy honda: la vegetación era como una ola verde que llegaba hasta el infinito. Disfruté muchísimo el viaje en tren: corría como loca por todos los vagones y saludaba por la ventanilla a los animales del campo. Mi papá nos obligaba a escribirle cuando estaba ausente. Las primeras cartas que yo escribí fueron las que le mandé a Chiapa de Corzo y a Gómez Palacio, donde lo trasladaron después. De lejos y por carta le tenía más confianza que en persona.

Mis recuerdos de Guadalajara son mucho más nítidos que los de Álamos, por eso creo que sentimentalmente soy tapatía. A veces pienso que nunca estuve en Sonora, que desde siempre viví con los charros. Teníamos una casa enorme, de ésas que primero tienen el portón, luego unas escaleras y arriba un cancel de hierro. Cuando se abría el portón quedaba cerrado el cancel, por aquello de los ladrones. Recuerdo muy bien la puerta principal porque detrás de ella podía estar escondido un hermano para saltar encima de mí o pegarme con un fierro. Éramos unos salvajes, tengo cicatrices tremendas de mis hermanos y de mis hermanas. Pero no me puedo hacer la víctima, porque yo también se las dejé.

La casa tenía tres patios y dentro de su sencillez era muy linda, no porque tuviera muebles de época ni adornos de lujo, sino por el cariño y el gusto con que mi madre la decoraba. Ella misma bordaba los manteles, las carpetas, los forros de los cojines (todavía conservo sus cojines bordados y algunos encajes). La casa estaba dividida en dos pisos. La planta baja, donde nosotros vivíamos, tenía balcones que daban a la calle. Cuando pasaba el panadero con su gran canasta en la cabeza, yo alargaba la mano y me robaba un bolillo.

Le tenía tanto cariño al mobiliario de la casa que cometí una locura espantosa cuando se iba a casar Chepita, la mayor de mis hermanas. Ella tenía una recámara lindísima, con espejos, lavabo y un armario que me fascinaba. Su prometido era Ramón Camarena, un joyero sin muchos recursos, y Chepita le pidió a mi papá que la dejara llevarse la recámara a su nuevo hogar. Mi papá estuvo de acuerdo, pero yo no. Pensé que si mis hermanas casaderas iban a llevarse cada una sus muebles, al rato iban a desmantelar la casa, y me dio tanto coraje que tomé un hacha y destrocé la recámara de Chepita. Desde entonces tenía un agudo sentido de la propiedad.

Mi papá tenía una biblioteca muy bien surtida. En la asistencia, que era el rincón más acogedor de la sala, nos juntaba para leernos libros de aventuras: *El Quijote, La guerra y la paz*, las aventuras de Sandokan. A solas él leía libros de historia: Clavijero, Lucas Alamán, el *México a través de los siglos*. Ahora yo conservo sus libros porque se los compré a una de mis hermanas cuando estaba mal de dinero. Además de la literatura teníamos el pasatiempo de la música. Hicimos una orquesta en que tocaba toda la familia. De ahí le nació la vocación a mi hermana Victoria Eugenia, la menor de las mujeres, que luego estudió piano en el Conservatorio y fue discípula de Claudio Arrau. ¡Quién se iba a imaginar que de aquella orquesta saliera una concertista! Yo nada más aprendí a tocar la guitarra, y a duras penas. Los domingos en la casa era la reunión de toda la familia, la gran comilona. Primero se hacía lo que en Álamos llamaban *las once*, o sea, tomar una copa de tequila a las once de la mañana con quien hubiera ido de visita. Después de comer, a las cinco o seis de la tarde, seguía la hora del *algo*, que, como su nombre lo indica, era una especie de merienda para comer o tomar algo, desde una taza de té hasta un recalentado. Esas dos costumbres las mantuve toda la vida; en mi casa siempre se puede comer o beber a cualquier hora.

En Guadalajara me expulsaron de varias escuelas. Primero estuve con las monjas del Sagrado Corazón, por eso mi letra es un poco picuda, porque así era la caligrafía que enseñaban en la escuela, pero luego me cambiaron a otro colegio de monjas, con las adoratrices, y ahí me obligaron a escribir con la letra Palmer, que es un poco redonda. Me hice un lío con los dos estilos y el resultado es que tengo una letra sumamente rara, digamos gótica.

Mamá quería que mis hermanas y yo fuéramos como ella —sumisas, hogareñas, abnegadas—, pero yo tenía inquietudes muy distintas. Muchas veces le dije: "Mamá, yo no quiero aprender bordado, ¿por qué me mandan a la escuela si no me gusta nada de lo que me enseñan?" Pero ella no se daba por vencida y siempre hallaba otra escuela donde inscribirme —naturalmente de monjas—, donde yo me sentía como prestada. Quería hacer con mi inteligencia —fuera grande, mediana o pequeña— lo que a mí me diera la gana. No me gustaba cocinar, no me gustaban los quehaceres domésticos, no me gustaban las clases de catecismo. ¿Por qué diablos tenía que soportar a las monjas?

Aprendí más en la casa que en todas las escuelas por donde me obligaron a desfilar. Mi madre me dejaba leer todo lo que yo quería y fui progresando en mi afición a la literatura, o sea que no era una niña burra, el problema era que en la escuela no sabían motivarme para estudiar. Además de la lectura me gustaba mucho el baile. Mis hermanas eran amigas de una bailarina norteamericana que se llamaba Waldeen. Como vio que yo tenía sentido del ritmo, me enseñó baile moderno y algunos movimientos de danza clásica. Entonces empecé a cobrar conciencia de mi cuerpo y cambió mucho mi forma de caminar, de sentarme y hasta mis gestos. Otro de mis maestros extraescolares fue un hindú amigo de mi padre que me enseñó una técnica de respiración buenísima. Es una disciplina derivada del yoga, sensacional para relajar los músculos. Tan sensacional que hasta la fecha la practico.

Pero más que respirar, en esa época me gustaba suspirar por los charros de Guadalajara. Cuando íbamos a las charreadas (no muy seguido: mis hermanos preferían el futbol) me daban ganas de hacer el jaripeo como ellos. En una finca de Zapopan, propiedad de amigos de mi familia, ensayaba suertes charras con mi caballo y competía con los hombres echándoles carreras a San Antonio o a La Escoba, dos haciendas cercanas. Una de mis amigas, Carmen Leaño, era sobrina del *Remington*, un charro de Atotonilco que se había hecho famoso por sus asaltos a mano armada. Carmen me contaba sus hazañas, que yo oía con una mezcla de fascinación y terror, sobre todo por la cantidad de amantes que le atribuían. Secretamente deseaba ser una de ellas. Luego hicieron una película con la vida del Remington, cambiándole el apodo por el *Ametralladora*. Se llamó *Ay Jalisco no te rajes* y el protagonista era Jorge Negrete, mi tercer marido.

La disciplina familiar impuesta por mi padre era tan rígida que ni siquiera podía salir a la calle sola. Tenía que acompañarme alguno de mis hermanos hasta para comprar un listón. Los domingos en la noche me dejaban dar un paseo por 16 de Septiembre, junto con un grupo de amigas. Merendábamos en El Portal o en una tortería que se llamaba El Texano y después íbamos a tomar el té al salón Olimpia, donde se reunían los estudiantes. Gracias a esas salidas empecé a hacerme popular entre los jóvenes tapatíos. Eran mis únicas oportunidades para coquetear y no las desperdiciaba.

Como no podía escaparme a la calle en la vida real, me escapaba en sueños. Primero fui sonámbula de a de veras: caminaba de noche y al día siguiente me daba cuenta de que había puesto una mesa para doce personas en el comedor. Después me hacía la sonámbula para ver a mis novios (tuve dos de manita sudada: Rosendo Ibarra y Rafael Corcuera. Fueron amores de miradas lánguidas en misa y encuentros furtivos en el jardín Escobedo, que no me dejaron ninguna huella). Para verlos tenía que improvisar una red de comunicación secreta. Les pasaba recados con alguna criada de confianza y recibía el papelito con la respuesta. Las citas eran a las tres de la mañana, para que mis papás no me vieran en el balcón. Compartía la recámara con mi hermana Victoria Eugenia, que era mi cómplice, pero algunas veces mi madre se despertaba. Entonces yo cerraba la ventana y me hacía la sonámbula caminando con los ojos cerrados. "Si eres sonámbula —me decía—, ¿por qué no sales al patio en lugar de ir a la ventana?" Seguro que no la engañaba, pero se hacía de la vista gorda para no delatarme con mi papá. Como precaución, para evitar que volviera a caminar dormida, me puso una palangana de agua fría al pie de la cama.

La adolescencia es un momento muy desconcertante en la vida de una mujer. No sabe una para dónde va, no sabe si lo que está haciendo es bueno o malo. El cuerpo quiere imponer su ley, la moral le ordena otra cosa y una se queda sumida en las tinieblas, llena de culpas que luego parecen ridículas. Varias veces me topé con esos degenerados que se desabrochan la gabardina y muestran sus vergüenzas a las niñas. Iba con mi madre horrorizada y ella me explicaba: "Mira, hija, tú tienes bastante inteligencia para comprender las cosas. Inteligencia es comprender y quiero que comprendas lo que yo te digo. Pasa esto y esto y esto. No te asustes. ¡Pega si puedes! ¡No te dejes!"

Pobre de mi mamá. Educada en un convento, quería inculcarme sus nociones del bien y del mal en un mundo en que las cosas no eran tan simples. Nos llevaba a oír misa al templo de Nuestra Señora del Carmen, donde hice la primera comunión con el padre Mireles, un cura con fama de santo entre las buenas familias de Guadalajara. En la doctrina del sábado, el padre Mireles me regañaba porque, según él, yo no tenía devoción.

—¡Eres una hereje! —gritaba furioso—. A los negros infiernos te verás arrastrada si no recibes con humildad el cuerpo de Cristo.

Impresionaba con su tremendo vozarrón, mi madre creía ciegamente en él, sin sospechar que era muy parecido a los depravados que me asustaban en la calle. Cuando yo tenía diez años y empezaba a despuntar mi belleza, el padre Mireles me quiso dar un beso en la boca. No me dejé. Le clavé las uñas en la cara y salí de la iglesia corriendo. Me dio un asco infinito aspirar su aliento de cerca —no olía precisamente a santidad—, pero no quise acusarlo con mi mamá. ¡La que se hubiera armado! Corría el peligro de que no me creyera, y si me creía, seguramente se habría afligido al saber que su adorado padrecito era un sátiro.

En la adolescencia tuve mi primer éxito social, un éxito que presagiaba mi carrera de actriz. Los estudiantes de Guadalajara me eligieron reina de la Universidad. En un principio mi padre se negó a que yo fuera a la coronación, pero intervino mi mamá para convencerlo y dio el permiso a regañadientes. La ceremonia fue en el casino de Guadalajara, engalanado con guirnaldas de flores y nubes de hielo seco. Al verme por primera vez en un estrado, alta sobre la multitud, me di cuenta de que la belleza es un concepto forjado por los demás. Ellos te valoran o te desprecian, te encumbran o te destruyen. Y son ellos quienes forman, en derredor nuestro, esa aureola que nos seguirá por todos lados.

Como reina de los estudiantes asistí a muchos eventos de sociedad: corridas de toros, funciones de ballet en el Teatro Degollado, premiaciones de poetas que habían ganado los juegos florales. De ese tiempo son mis primeros estudios fotográficos. Pedí que me pusieran plumas de avestruz y corona de oro y todo me lo concedieron. Tengo presente un festival a beneficio de La Copa de Leche, donde hubo una serie de bailables en que tomaban parte las jóvenes más lindas de la ciudad. El número más sobresaliente fue el mío, donde bailé *El Gato Montés* vestida de manola. Obligada por los aplausos del público, repetí el número hasta quedar rendida. Creo que hubiera sido buena *vedette*, pero en mis películas me dieron pocos papeles de bailarina.

El hombre al que más quise en la adolescencia fue mi hermano Pablo. Es muy normal que una niña se enamore de su padre o de sus hermanos, pero mi familia vio con malos ojos algo que se dio de la manera más inocente.

Pablo era un dios de guapeza: moreno, con el pelo rubio veteado por el sol y un lunar junto a la boca idéntico al mío (éramos muy parecidos, cada quien en su tipo). Le decían el *Gato* porque tenía los ojos muy claros, casi amarillos. Cantaba y tocaba la guitarra como los mismísimos ángeles. A esa edad yo no sabía nada de tabúes ni de prohibiciones y estar cerca de mi hermano me parecía lo más natural del mundo. El despertar de la adolescencia es una flor que se abre y a esa edad el afecto brota del modo más natural. Pero mi madre se dio cuenta de que mis relaciones con Pablo no eran como las de todos mis hermanos y nos comenzó a separar. No podía estar mucho tiempo cerca de él, sentarme en sus piernas o treparme en su espalda, porque ella se ponía furiosa. Los juegos que habían sido naturales en nuestra niñez ahora no le gustaban. Primero nos prohibió que saliéramos juntos al campo y después convenció a mi padre de que internara a Pablo en el Colegio Militar. Como el director del Colegio era amigo de mi padre, lo inscribió rápidamente y Pablo se fue a vivir a México. En una de sus licencias vino a verme con su uniforme de cadete. Estaba tan guapo que me temblaron las piernas. Al verlo de militar pensé en buscarme un muchacho como él, que tuviera su piel y sus ojos pero que no fuera mi hermano. Era una tontería, porque el perfume del incesto no lo tiene otro amor.

Poco después nos llegó la noticia de que lo habían matado en el Colegio Militar. No quise ir a México a recoger el cuerpo con mi mamá. Las versiones sobre su muerte fueron contradictorias: algunos cadetes dijeron que lo habían matado por la espalda en una práctica de tiro, pero oficialmente las autoridades del Colegio declararon que fue un suicidio. Nunca les creí. Pablo amaba demasiado la vida como para matarse. Lo que pasó fue que no les convenía revelar la verdad. Hubiera sido un desprestigio para el Colegio. Caí en una depresión profunda, la primera de mi vida. Sin Pablo, todo se me nubló. Me daba tristeza salir al campo y no quise volver a la fuente donde nos habíamos bañado juntos.

Nunca he dejado de pensar en él. Recuerdo como una gran aventura el día en que me invitó a subirme a una motocicleta y fuimos a un lugar de Guadalajara que se llama Los Colomos. Me veo apretada contra su espalda, cortando el viento a toda velocidad, como en El Quiriego, cuando jugábamos a las paradas indias.

Conocí a mi primer marido, Enrique Álvarez, en un baile de disfraces al que fui vestida con el traje de novia de mi madre. Nos flechamos, y como él era agente viajero de la Max Factor, su pretexto para ir a mi casa fue hacerme una demostración de sus productos de belleza. Poco después nos hicimos novios y me propuso matrimonio. Quizá lo utilicé como un medio de liberación. Para mí, el matrimonio significaba la libertad, salir de la casa donde me sentía presa. No podía imaginarme que al casarme con él sólo pasaría de una cárcel a otra. En vez de impedir el matrimonio, que a nuestra edad era una locura, mi madre lo precipitó. Pero mi papá siempre se opuso a la boda, y como no quiso llevarme a la iglesia, entré del brazo de mi hermano Miguel.

Fue una sencilla ceremonia en el sagrario de la catedral, con muy pocos invitados: nuestros parientes y algunos amigos íntimos. Pasamos la luna de miel en un hotel de Atotonilco el Alto, que para mí resultó una cámara de tortura. En la noche de bodas tuve una experiencia traumática. Llegué al tálamo virgen como un botón y sentí el desfloramiento como una agresión tremenda, como si me traspasaran con un puñal: a Enrique le costó dos semanas quitarme la virginidad, porque yo saltaba de la cama cada vez que me hacía daño. El pobre daba vueltas por el cuarto como lobo en brama. Cuando por fin logró su objetivo, al día siguiente me corté el pelo. Tal vez intentaba renunciar a mis atractivos de mujer para evitarme un sufrimiento mayor.

No podía terminar bien algo que empezó tan mal. Nos fuimos a vivir a un departamento en la esquina de Pedro Moreno y Camarena. Al poco tiempo ya estaba harta de Enrique, harta del matrimonio. Casi nunca me llevaba a pasear, temiendo que otros hombres me echaran piropos en la calle. Toda nuestra diversión consistía en ir al cine Reforma, que estaba enfrente del edificio. Llegábamos con la función empezada y salíamos antes de que prendieran la luz, para que nadie me viera. En los restaurantes no podía mirar a los meseros a la cara porque Enrique se enfurecía, y cuando salía de viaje me encerraba en el departamento. Lo peor fue cuando tuvo la buena idea de llevarme a los toros. Entramos a la plaza Progreso y los hombres, al verme tan alta y tan bien plantada, se pararon a darme un aplauso. Otro hombre en su lugar se hubiera enorgullecido, pero un macho como Enrique no podía tolerar ese agravio y me sacó de los toros. Nunca me llegó a pegar, ni yo lo hubiera permitido, pero sí me alzó la mano en una ocasión y entonces lo amenacé con romperle sus partes blandas.

—Pégame, pero en la noche fíjate de qué lado duermes —le dije— porque te voy a reventar los abajines.

Resentida por su mal carácter, comprendí lo que había perdido al separarme de mi familia y empecé a extrañarla. Me hacía falta mi bicicleta, me hacían falta mis hermanos, me hacía falta la vida que yo llevaba. Y en cuanto a mi vida íntima, pensaba que el sexo era algo sucio y malo. Pero entonces quedé embarazada. Ni yo ni el padre de Quique podíamos responsabilizarnos de un hijo. Él tenía 19 años, apenas comenzaba a vivir y le gustaban otras cosas: tomar cerveza, jugar futbol, andar con los amigos. Salía mucho de viaje para vender sus cosméticos y me dejaba todo el tiempo sola. Entonces pensaba: yo aquí encerrada como una imbécil y el tipo éste puede estar engañándome con quien se le antoje. Me daba rabia que él fuera tan libre y yo estuviera atada al bebé.

Un día, al sacar del armario uno de sus trajes para llevarlo a la tintorería, encontré una receta médica en el bolsillo del saco. Junto al nombre de la medicina leí la palabra "gonorrea". Presentí que se trataba de algo malo, pero no sabía qué cosa era. Mi madre nunca me habló de sexo, mucho menos de enfermedades venéreas, de modo que acudí a mi suegra Paz Alatorre, a quien le tenía más confianza. Ella trató de restarle importancia al asunto, explicándome que los jóvenes como Enrique siempre tenían más de una mujer. Sobre el sexo masculino me hizo un comentario que hasta la fecha me hace reír:

—Mira, hijita, eso es jabón que no se gasta.

Pero yo me di cuenta de que la cosa era mucho más grave: el tipo estaba infectado y podía contagiarme. Nunca le permití que me volviera a tocar y a partir de entonces no tuve en la cabeza otra idea que la de engañarlo. Quería darle ojo por ojo y diente por diente, haciendo el amor con alguien que me gustara. Vivíamos en un tercer piso. Cada tarde me asomaba a la ventana esperando al hombre de mis sueños, y de tanto ventanear empecé a enamorarme de un muchacho rubio, muy alto y muy guapo, que siempre estaba leyendo en la azotea de enfrente. Ni yo sabía trucos para llamarlo con discreción, ni él se atrevía a romper el hielo. El acercamiento se produjo gracias a un amigo mío, el doctor Mendiola. Un día que vino a revisar a Quique, me dijo:

—¿Sabes que tienes a mi sobrino Paco de vecino?

—¿Ah, sí? —le contesté—. No lo conozco. ¿Dónde queda su casa?

—Vive aquí —señaló mi ventana— en la contraesquina del edificio.

—¿Y en qué trabaja?

—No trabaja, estudia leyes.

—¿Es muy alto?

—Sí, altísimo, anda por el uno noventa.

—¿Y es muy guapo?

—Bueno, debe serlo. A mí se me figura.

Tenía que ser él. Sabiendo que el muchacho era una persona de confianza, me sentí en libertad de ir más lejos. Un día que mi marido andaba de viaje se acercó a mi ventana, tuvimos una breve charla y me pidió mi número de teléfono. Se llamaba Francisco Vázquez Cuéllar.

Al día siguiente me habló para recomendarme un libro:

—Mira, no te conozco más que de vista, pero estoy leyendo algo que a lo mejor te gusta. Es una novela que se llama *El proceso*.

Gracias a Francisco leí todo Kafka. Después de *El proceso* siguieron *La metamorfosis*, *El castillo*, *América*. Sus llamadas telefónicas no cesaron durante más de un mes. Me hablaba todos los días, excepto cuando mi marido estaba en casa. Entonces colgaba, pero yo sabía quién era y ese secreto me hacía muy feliz. Hubo un momento en que nos pareció kafkiano tener un romance tan telefónico y decidimos vernos. La víspera del encuentro no pude dormir, pensando cómo sería Francisco visto de cerca. Para recibirlo me quité los tacones. Esperar a un hombre descalza es un gran lujo de amor. El frío en las plantas de los pies me excitaba, era muy sensual. Bajé corriendo a abrirle, subimos al departamento y entonces lo vi de cerca:

era precisamente lo que yo buscaba. Tenía los ojos color de fiera, unos ojos amarillos iguales a los de Pablo.

Ese muchacho fue el motivo por el que decidí separarme de Enrique Álvarez. Con él aprendí muchísimas cosas: a leer otra clase de libros, a preocuparme por los pobres (Francisco era de ideas socialistas) y a gozar del amor sin temerle a los hombres. Me enseñó a disfrutar del sexo y entonces empecé a admirar la arquitectura que levanta un hombre al hacer el amor. Por encima de todo, le agradezco haber colaborado en mi venganza. Cuando el papá de Quique llegaba a la casa, me daban ganas de decirle: "Tú me fuiste infiel, pero yo también".

Como no tenía edad para responder de mis actos ante la ley, mi madre se encargó de tramitar el divorcio. Uno de los momentos más felices de mi vida fue cuando sentí que ya no tenía encima la bota de mi marido. Francisco me propuso que viviéramos juntos. Estaba dispuesto a dejar la carrera por mí, pero no quise atarme a otra pareja tan pronto. Preferí vivir unos años en libertad y planear bien las cosas antes de dar un paso tan importante. Cuando mi familia se mudó a Navojoa (papá perdió su puesto cuando los sonorenses dejaron el poder) tuvimos que terminar nuestras relaciones. Años después me lo encontré en México. Intercambiamos teléfonos y quedamos en salir "uno de estos días". Yo no comenzaba todavía a trabajar en el cine, pero el ambiente de la capital me había cambiado. Nos vimos en un café, volvió a recomendarme libros, hablamos de los viejos tiempos, pero se había roto el encantamiento. Mi conducta independiente le desagradó. Él hubiera preferido a la ingenua muchachita de Guadalajara. Nunca más lo volví a ver. Luego supe que se recibió de abogado y se casó con una muchacha de apellido Castañeda. A veces me pregunto qué habría pasado si yo hubiera ocupado el lugar de esa señorita. Quizá hubiera sido feliz, pero no sería María Félix.

Con Quique

Capítulo IV

MISS HAPPY

Antes de venir a México pasé unos meses con mi familia en Navojoa, donde no me sentí a gusto. Después de haber vivido en una ciudad como Guadalajara, el ambiente pueblerino me sofocó. Mi papá no me dejaba trabajar, para él era una indecencia que las mujeres llevaran dinero a casa. Muy pronto me di cuenta de que ahí no estaba mi vida. Era objeto de chismes idiotas por mi condición de divorciada. Me pretendían los hombres casados, y como yo los rechazaba decían horrores de mí. En esas condiciones no me quedó más remedio que preparar la huida.

Viajé a México en el tren Sudpacífico sin pedirle permiso a mis padres. Me ayudó con los gastos del pasaje mi padrino Fernando, que además era mi primo hermano. Él entendió mi situación porque había estado en Europa y tenía una mentalidad menos provinciana. Con su apoyo y con algunos ahorros que yo tenía sobreviví durante mis primeros días en la capital.

Venía dispuesta a disfrutar la libertad que me había ganado al romper con mi esposo. No tenía grandes ambiciones económicas. Tampoco ambiciones de triunfo: me bastaba con no depender de nadie. Lo más fácil para mí hubiera sido casarme con un rico para que me comprara medias, para que me diera casa, comida y sustento, pero no quería terminar tejiendo chambritas en una mecedora. Quería estudiar, aprender, conocer mundo, aunque no sabía cómo hacerlo por la confusión de mi juventud. A esa edad se me figuraba que ya era una mujer madura. En México descubrí que me faltaba mucha experiencia y que debía estar más alerta que nunca para sortear los peligros de la ciudad.

Tuve una aventura muy desagradable que me puso en guardia al día siguiente de mi llegada a la capital. Me había hospedado con mi hijo en una casa de asistencia que me recomendaron en Navojoa. Estaba en Hamburgo 70 y era una especie de hotel modesto con ambiente familiar. Lo atendía Carolina Russek, una señora de Chihuahua que sólo aceptaba gente de buenas familias. Yo tenía una amiga casada en el Distrito Federal que se llamaba Margarita del Río. Habíamos ido a la misma escuela en Guadalajara y me dio su dirección en México para que la fuera a ver. Apenas dejé mis maletas en la casa de asistencia quise ir a visitarla, pero antes me di una vuelta por el centro. Atraída por la Casa de los Azulejos, entré al Sanborns a comprar unas cosas de tocador. A la salida paré a un ruletero y le di la dirección de Margarita, que si no recuerdo mal vivía en la colonia Del Valle. Iba viendo las calles de México por primera vez, totalmente desorientada, y de pronto me asaltó el temor de que el taxista no me estaba llevando a la dirección que le di. Ya íbamos por unas arboledas en terreno despoblado; Margarita me había dicho que ella vivía en un lugar céntrico. Entonces le dije al tipo:

—Óigame, señor, a mí se me hace que no vamos adonde le dije, porque por aquí nunca me han llevado.

Él metió el freno y me dijo:

—Espéreme un momento —y se pasó conmigo al asiento de atrás.

Entonces me dio verdadero pavor.

—¿Qué está usted haciendo aquí? ¿Por qué me ataca?

—No, mamacita, si yo no te quiero atacar, quiero hacer de todo contigo menos atacarte.

Yo era inocente, pero tampoco estaba tan caída de las últimas lluvias y tuve una buena ocurrencia.

—Pues qué casualidad —le digo—. Fíjate que tú también me gustas, por eso tomé el taxi. Pasaron cerca de mí otros ruleteros, pero yo quería subirme con uno guapo.

Él se hinchó como un pavo real y me dijo:

—¡Pues claro! Vamos a otro lado, ¿no? Vamos a casa de mi hermana que está aquí cerquita y luego te llevo a bailar, ¿juega?

—Juega. Pero entonces tengo que irme adelante contigo.

Me dejó bajar, y en vez de pasarme al asiento delantero salí disparada. Él arrancó en el coche, pero yo me eché a correr buscando una lucecita que se veía entre los árboles. Corrí como un kilómetro sin volver la vista atrás, por miedo a que me viniera siguiendo, y llegué jadeando a una gasolinera que vi como una tabla de salvación. Ahí me paré a pedir auxilio. Eran como las seis de la tarde, ya pardeando, con esa luz del atardecer que le dicen "luz entre perro y lobo", y había muy poca gente en la gasolinera. Yo pensé: ¿y si me pasa algo peor con el tipo de aquí?

Gracias a Dios, el encargado era una buena persona. Cuando salió de la caseta le expliqué:

—Fíjese usted que tengo un problema, quisiera volver a mi casa pero no sé cómo llegar. Iba en un taxi a ver a una amiga de Guadalajara pero tuvimos un accidente… y le conté una historia inventada para que no supiera que venía de salvarme del otro tipo. Fue una astucia innecesaria porque el señor no tenía malas intenciones:

—Si se espera tantito yo la llevo.

Con el susto ya no quise ir a casa de Margarita y le pedí que me llevara a la dirección de la señora Russek. En el camino el señor me hizo algunas advertencias:

—Usted es muy guapa y no debería andar sola por la calle. Cuídese. Aquí no es como en Guadalajara. Le pueden suceder cosas malas con tanto desgraciado que anda por ahí.

El incidente me dejó marcada y a partir de entonces me anduve con mucho tiento, pues entendí que había llegado a una ciudad rapaz. No podía lanzarme por las calles a ver qué. Me protegí rodeándome de un grupo de amigas: Margarita, sus hermanas y otras muchachas que conocí en la casa de asistencia, donde siempre me trataron muy bien.

Tenía encima la responsabilidad enorme de mantener a mi hijo y me puse a buscar trabajo enseguida. No lo hubiera necesitado, porque ya empezaban a salirme pretendientes por dondequiera, algunos de mucho billete, pero yo me valoraba muy alto. No quería un matrimonio por conveniencia y conseguí un empleo en el consultorio de un cirujano plástico, con el que ganaba lo suficiente para mantener a Quique y comprarme buena ropa. Como yo estaba siempre contenta, el doctor me puso Miss Happy. Era muy correcto y muy amable conmigo. Además de llevar todo el movimiento del consultorio yo le servía de gancho publicitario. Me presentaba con sus clientes y les decía: "Vean la nariz de esta señorita, yo se la operé", o inventaba que me había pegado las orejas porque yo las tenía despegadas, y las clientas felices creyendo que las iban a dejar igual. Era un trabajo divertido y honorable, porque yo no perjudicaba a nadie con aquellas mentiras piadosas.

Un día, cuando llevaba tres o cuatro meses en la capital, vino a verme a la casa de asistencia el padre de Quique. Me pidió permiso para que el niño pasara unas vacaciones con él, se lo llevó y *goodbye, mister Chips!*, ya no me lo quiso devolver. Entonces apresuré los trámites del divorcio, que mi madre había dejado a medias cuando nos fuimos a Navojoa. Fui a un juzgado de Guadalajara y pedí una orden judicial para que me entregaran al niño. Ahí supe que el padre me quería quitar la patria potestad. Tuvimos un agarrón en casa de sus papás y le advertí:

—Aunque ahora puedes más que yo, llegará el día en que tenga más influencias que tú, y así como te lo robaste, así me lo robaré.

No sabía dónde estaba mi hijo, pero me enteré que lo estaba cuidando una criada de los Álvarez, la nana Rosa. Unas amistades me dieron señas de dónde encontrarla. Se había ido a esconder cerca de Chapala en un pueblito que se llama Ajijí. Me trasladé allá en autobús, estuve vigilando a la nana Rosa y cuando salió por la leche le pedí que me dejara ver a Quique.

—Tu niño está enfermo —me dijo—. Ponte algo encima para que no parezca que eres quien eres, porque tengo órdenes de no dejarte entrar.

Me disfracé de campesina con un rebozo y entré a verlo descalza. Efectivamente, ahí estaba. Tenía calentura y se echó a mis brazos llorando.

—Voy a venir por ti para llevarte conmigo. No llores, mi vida. Mamá te quiere mucho.

Saber dónde lo tenían me tranquilizó, pero la orden judicial se fue retrasando por las maniobras legales del padre y tuve que volver a la capital con las manos vacías.

Que me despojaran de Quique fue como un aguijón que llevé clavado en el orgullo durante mis años de anonimato. Comprendí que no me bastaba con ser independiente y bonita para hacerme respetar. Necesitaba alcanzar una posición y veía que los pasos que yo diera en adelante debían ser audaces, pero medidos. Tenía que ser valiente y a la vez cautelosa. Lo principal era no dejarme arrastrar a las fiestecitas de viejos verdes, al despeñadero de las mujeres que no valen por sí mismas.

Tuve la fortuna de contar con amigos que me ayudaron mucho anímicamente. Uno de los mejores fue Ernesto Alonso. Lo conocí cuando hacía pruebas para entrar al cine, antes de ser actor profesional. Éramos de la misma edad y nos caímos bien. Ernesto me vio en una ocasión subiendo los hilos de mis medias en un vaso (lo hacía muy a menudo porque las medias de entonces eran carísimas). Él tampoco tenía dinero, pero le sacaba donativos a sus amantes ricachonas para obsequiarme medias, tacones, bufandas. Con él y con mis amigas íbamos a bailar danzón, al teatro y a las corridas de toros. Todavía era una ilustre desconocida, pero ya desde entonces el público de los tendidos me recibía de pie cuando llegaba a la plaza y las primeras figuras del toreo me dedicaban faenas: Lorenzo Garza, Armillita, Silverio y desde luego el Calesero, que era hermano de Ernesto.

A pesar de tantos homenajes a mi belleza, no me había cruzado por la mente la idea de hacer carrera en el cine. Con mi trabajo y con mi libertad estaba más que satisfecha. Era dueña de mis actos y podía irme con el hombre que me diera la gana sin deberle favores a nadie. Tenía un criterio moral muy avanzado para la época. Pensaba —y pienso aún— que hacer el amor con el hombre que yo había elegido era correcto y sano. Lo inmoral hubiera sido acostarme con un fulano por interés. Mi gran delirio de grandeza era viajar al extranjero, pero en la fama nunca pensé. Ni siquiera veía películas mexicanas y el cine me parecía una cosa de otro planeta.

Entonces apareció en mi vida el ingeniero Fernando Palacios. Un día que iba caminando por la calle de Palma, cerca del zócalo, me detuve frente a la vitrina de una casa de antigüedades. Empezaba a nacer mi afición por los muebles de época y los veía como un lujo inalcanzable, cuando escuché a mis espaldas una voz masculina:

—¿Y a usted no le gustaría hacer cine?

Al voltear vi a un hombre maduro, distinguido, que se había detenido en la vitrina al ver mi reflejo.

—¿Por qué tengo que hacer cine? —le dije—. ¿Qué le pasa a usted? El día que yo entre al cine lo haré por la puerta grande.

Y él me respondió con una sonrisa:

—No sé quién será usted, pero con el porte que tiene puede entrar por donde mejor le parezca.

Entusiasmado, me siguió varias cuadras diciéndome que tenía una presencia imponente y que, si lo deseaba, él podía relacionarme con la gente del cine. Creí que se trataba de un galanteo y no le di mayor importancia, pero Palacios indagó mi dirección y un día se presentó en casa de la señora Russek.

Me ofreció mover sus contactos para darme a conocer en el mundillo artístico: "Necesitas dejarte ver y que se hable de ti." Él sería mi representante y haríamos una película juntos, él como director, cuando consiguiera un crédito para producirla. Su optimismo era contagioso y pensé que a lo mejor el cine podía ser un camino para mí. Hablé del asunto con el doctor Del Río y él me aconsejó:

—Mira, tú éntrale, total, no pierdes nada. Si te vas a trabajar un rato al cine yo te reservo un lugar aquí. Siempre estarás protegida por tu trabajo.

Y eso fue lo que me dio seguridad para lanzarme a la aventura. Dije, bueno, es una posibilidad, vamos a ver si sirvo para esto.

Hice mi primera aparición en una fiesta de gente de cine en el baile Blanco y Negro del Country Club, al que asistían las figuras más importantes de la época: Esther Fernández, Lupe Vélez, Andrea Palma. Llamé la atención desde que me quité el abrigo y Palacios me presentó en plan informal con algunos directores y productores que se creían los reyes del mundo. Algo me habrán visto, porque al poco tiempo recibí una invitación de los hermanos Calderón para ir a Los Ángeles a representar a la mujer mexicana en unas fiestas de la Independencia, o algo así.

Fue mi primera salida al extranjero. Llegué al hotel Biltmore en el centro de Los Ángeles. El plan era que yo desfilara en un carro alegórico por las calles de la ciudad, vestida de china poblana. Lo supe al llegar y me pareció una ridiculez. Les dije que yo con traje de huehuenche no desfilaba. De modo que no representé a la mujer mexicana, pero me sucedió algo mejor: los Calderón me llevaron a Hollywood para que viera cómo se hacían las películas. En los estudios de la Metro conocí a Robert Taylor en la filmación de *Huellas en la nieve*, una película donde hacía de ruso y lo acusaban de comunista. Me tomaron fotos con él y con Walter Pidgeon y también saludé a Gregory Ratoff, el director. Me gustó el profesionalismo con que trabajaban y sentí por un momento que yo formaba parte de aquel ambiente. Después me llevaron a un restaurante donde comí con Cecil B. de Mille y Ray Milland.

De Mille se quedó impresionado conmigo y me dio su tarjeta para que lo buscara si quería hacer carrera en Hollywood.

Pero yo estaba esperando una oportunidad en México. Mi nombre ya sonaba, tenía proposiciones para hacer pequeños papeles, pero no me interesaban porque yo quería debutar en plan estelar. Palacios me aconsejaba empezar desde abajo, pero no le hice caso. Creo que asumió conmigo el papel de Pigmalión. Me daba clases de dicción, me cambió el peinado, me llevaba de coctel en coctel. Se empeñó en que saliera de la casa de asistencia y por consejo suyo me fui a vivir a un departamento en Marsella 62, donde tenía más espacio para recibir gente. Si Palacios estaba enamorado de mí, tuvo la delicadeza de no decírmelo nunca. Yo lo veía como a un padre, y si hubiera empezado con declaraciones de amor lo habría mandado a volar. No dejé que se metiera para nada en mi vida privada. Él tenía sensibilidad para entender que a mí no me gustaban los viejos y se mantuvo a distancia, cosa que siempre le agradecí. Conmigo fue un caballero de primera clase.

Viviendo en el departamento de Marsella volví a sufrir ataques de sonambulismo. Tuve un desliz con un vecino amigo mío estando completamente dormida. A medio sueño me levanté de la cama, me puse una bata y fui a tocar en su departamento. No sé qué habremos hecho, pero seguro que no estuvimos jugando canasta, porque al día siguiente recibí un ramo de flores y una llamada en que me agradecía cálidamente la maravillosa noche que habíamos pasado juntos. Debió creer que yo estaba sonambuleando, pero la verdad es que nunca me desperté.

Desde 1941 se decía en las columnas de chismes que yo haría una película de un momento a otro, pero no había nada concreto. La oportunidad se presentó cuando Gabriel Figueroa me hizo unas pruebas de fotogenia que salieron muy bien y me ofrecieron el estelar femenino en una película de Producciones Grovas titulada *El peñón de las ánimas*, que iba a dirigir Miguel Zacarías. Dije que me parecía fantástico y me llamaron a firmar el contrato. Ahí empezaron las dificultades.

La primera fue por el dinero. Querían pagarme una bicoca y no acepté. Pedí cinco mil pesos, un sueldo altísimo para una principiante. Hubo un estira y afloja pero al final me los concedieron, de otro modo yo estaba decidida a no aceptar la película. Me los tuvieron que dar, pero al día siguiente de cobrar el cheque fui a jugar póquer a casa de la señora Russek y perdí hasta el último quinto. Con mi nombre también hubo líos. Querían que me llamara Diana del Mar. Ni loca, les dije, yo no me pongo un nombre tan cursi. Luego me propusieron otro peor: Marcia Maris. Me negué rotundamente a llevar seudónimo y finalmente se resignaron a que saliera en los créditos con mi nombre completo: María de los Ángeles Félix. Era demasiado largo, por eso lo abrevié después, cuando Palacios me convenció de que María a secas sonaba mucho mejor.

La tercera dificultad fue con mis vestidos. Querían darme ropa corriente, alegando que una mujer del campo, aunque fuera hija de familia, no podía llevar sedas y encajes. Mandaron a hacer unos vestidos de percal y se los tiré al director en la cara.

Fue un atrevimiento de mi parte, porque a una primeriza cualquiera no le toleraban esos desplantes, pero me sentía amparada por tener mi empleo en el consultorio. Pensaba yo: si no me quieren que se busquen otra; en cualquier momento vuelvo a ser Miss Happy. Mi terquedad surtió efecto. A la mañana siguiente se presentó en mi camerino el jefe de producción y me dijo:

—Tenga, María, con esta tarjeta puede ir a pedir lo que quiera en El Palacio de Hierro.

La ropa finalmente fue lo de menos. El verdadero suplicio empezó con los ensayos. El señor Miguel Zacarías me veía orgullosa y arrogante, pero así era yo por naturaleza, y estaba empeñado en quitarme la insolencia con malos modos. Tres días antes de comenzar la filmación me dijo que una actriz debía ponerse de rodillas ante su director. Estábamos en mi departamento ensayando una escena en que yo tenía que hincarme a rezar en un cementerio. Yo le dije que me hincaría frente a la cámara, pero no a solas con él, porque me parecía humillante.

—¡Cómo que no! —se puso a gritar—. ¡Te hincas aquí delante de mí! Yo te voy a domesticar. ¿Te crees mucho por ser bonita? Pues ¡al diablo con tu hermosura! ¡De rodillas!

—Primero muerta que arrodillada —le dije, y lo corrí de mi casa.

En la noche pensé: adiós al cine, te quedaste en la raya. Pero me volvieron a llamar porque no les quedaba otra, ni modo de suspender la película al cuarto para las doce.

Fueron semanas durísimas para mí. En primer lugar era una improvisada y me faltaba disciplina. Tartamudeaba, no sabía para dónde moverme, la cámara me daba miedo. Tuve que aprender a hablar en forma pausada, con voz fuerte, apoyando las sílabas. La única ventaja que tenía era mi buena cabeza para memorizar los diálogos. Miguel Ángel Ferriz y López Moctezuma se portaron maravillosos conmigo. No sé qué hubiera hecho sin ellos. Con su trato paternal y con sus buenos consejos me hacían sentir entre amigos.

En cambio Jorge Negrete se obstinó en hacerme la vida pesada. Él vivía con Gloria Marín y había pedido que le dieran el papel a ella para repetir el éxito de *Ay Jalisco no te rajes*.

Pero como no me pudo quitar del reparto estaba predispuesto en mi contra. Nuestra primera pelea fue por los camerinos. En Hollywood yo había visto que los grandes actores tenían su camerino dentro del *set*, una como casita con ruedas. Pedí que me la pusieran, y como eso no se usaba en México Jorge fue con el productor a quejarse de que una desconocida como yo no tenía derecho a esos lujos. Hizo un coraje de los mil diablos, porque de todos modos me instalaron el camerino. Yo no lo pedí por veleidosa. Lo pedí porque siendo una principiante no me podía concentrar con toda la gente que andaba por el *set* rascándose y comiendo garnachas. Después del *Peñón* se implantó la costumbre del camerino en el *set*, pero yo fui la primera del cine mexicano que lo exigió.

La pelea continuó en una locación a la orilla de un río. Me había demorado un poco retocándome el cabello y Jorge se impacientó:

—Si esta señorita no está lista en cinco minutos, ¡me voy! —le gritó al director.

—No espere los cinco minutos y váyase de una vez —le contesté, y para tardar más arrojé mi chongo postizo al río.

Negrete creía que yo era una *vedette*, pero él era entonces más diva que yo. Estaba en la cresta de la ola y me quería tratar como cosa chiquita. Naturalmente no me dejé. Cuando ensayábamos una polca me dijo:

—Tengo una curiosidad. ¿Con quién se acostó usted para que le dieran el estelar?

—Usted tiene más tiempo en este negocio —le dije—, así que debe saber bien con quién hay que acostarse para ser estrella. Y quiero advertirle algo: yo no necesito hablar con usted para nada. Me resulta muy antipático y no quiero que me dirija la palabra fuera de escena. Déjeme trabajar en paz.

Su hostilidad continuó a lo largo de todo el rodaje. Me jaloneaba cuando cometía un error en los parlamentos, hablaba mal de mí con el director. A veces parecía que estaba a punto de golpearme. La mayor grosería me la hizo al final de la filmación. Era costumbre que los compañeros de una debutante le firmaran el guión con una dedicatoria. Todos los actores de la película me lo firmaron con unos pensamientos largos y muy bonitos, pero cuando se lo llevé a Jorge me dijo:

—¿Yo a usted? Usted no se merece de mí ni siquiera un garabato. Yo no le firmo nada.

Tenía un poco de razón para estar furioso porque yo también le hice algunas diabluras en la película. En la escena final, cuando se estaba muriendo, lo tenía tomado de la cabeza y de pronto se la solté sobre unas piedras. De milagro no se descalabró.

Como yo no podía hablar en la filmación con Jorge ni con el director, en los descansos platicaba con el trío los Calaveras. De ahí vino quizás el estúpido rumor de que yo andaba con uno de ellos. Hasta llegaron a inventar que nos habíamos casado en secreto. De los Calaveras únicamente me gustaba su música, su forma de cantar, pero nada más. Con cuatro maridos en mi vida ya tengo suficiente como para que todavía me endilguen a un mariachi.

A pesar de todo, *El peñón de las ánimas* no salió tan mal. La hice como jugando, pero tuvo un gran éxito. Al ver la responsabilidad que se me venía encima con el público, me puse a reflexionar y me dije: ah caray, esto es un oficio, hay que aprenderlo. Y comencé a tomarme la actuación en serio.

Por desgracia, mi familia no comprendió el esfuerzo que yo estaba haciendo. En ese tiempo el mundo de la farándula era mal visto, se creía que las actrices iban de cama en cama para conseguir un papel, y cuando mi papá supo que yo había hecho una película mandó hacer un pergamino que hizo firmar a todos mis hermanos y en el que dijo que yo era una perdida y una mala mujer y una vergüenza para la familia, y los puso a todos como testigos. Aquello lógicamente me dolió, pero hasta cierto punto me quitó un peso de encima. Fue como una licencia para volar.

"¡Aquí está mi Doña Bárbara!"

Capítulo V

LA DOÑA

Como todo mundo comprenderá, yo no puedo hablar más que del cine mexicano que me tocó vivir, un cine difícil, con pocos medios, donde todo estaba preparado para que una película saliera mal. En ese medio, hacer las cosas bien era como manejar por el Periférico en sentido contrario. Y había que tener unas entretelas de acero para llevar una carrera como la que llevé, porque el espectáculo, como cualquier otra profesión, es duro y canijo si uno lo toma en serio, pero más canijo todavía con quienes lo toman a la ligera. Por casualidad se puede tener un acierto dos o tres días, un aplauso dos o tres meses, pero un éxito de varias décadas ya no es cuestión de suerte: es cuestión de agallas.

Tuve la inmensa fortuna de que me rodeara gente muy talentosa, muy brillante: eso me ayudó a contrarrestar las dificultades. Nos entregábamos al trabajo en un ambiente de amor y cada quien hacía su parte con entrega absoluta, con energía absoluta, con entusiasmo absoluto. Me asombra que hayamos hecho películas tan buenas con medios económicos tan limitados. El esfuerzo compensaba nuestras carencias, la imaginación hacía maravillas con poco dinero. Como yo estaba en desventaja por ser una improvisada, tenía que estudiar mucho para sentirme segura. Siempre llegué al rodaje con mis diálogos aprendidos, con toda la película en la cabeza. Me gustaba que hubiera silencio, que sólo hablara quien tenía que hablar en el *set*. En cuanto al camarógrafo, al director, a sus ayudantes, al técnico de sonido, ni siquiera los veía porque al oír la palabra *acción* me encerraba en mí misma: sólo quedábamos la cámara y yo.

Era muy exigente conmigo y con los demás. Pienso que cuando una cumple tiene derecho a exigir. Yo exigía mucho porque daba mucho. Nunca lo hice gratuitamente, por pesadez o capricho: lo hacía para mejorar. Con el trabajo no se juega, uno debe estar al cien por ciento. En cambio la vida no hay que tomarla en serio.

Para mí el estrellato no consistía en hacer películas y luego irme a la fiestecita o al coctel a quedar bien con los demás. Yo prefería la disciplina: dormir bien, descansar lo suficiente y reflexionar. No era cuatacha de nadie, porque en el ambiente del cine se bebía mucho y yo no aguantaba las desveladas. Además, para estar bien después de una parranda, muchos tenían que consumir drogas. Yo no encajaba en ese estilo de vida: mis diversiones eran otras, mis amistades también.

Hice cuarenta y siete películas a lo largo de mi carrera, pero mi aprendizaje nunca terminó. Cada papel me enseñaba algo nuevo. Todos me exigían transformaciones: cambios de ropa, cambios de lenguaje, cambios de mentalidad. Las historias que uno lee en el libreto varían al irse filmando. Nada es definitivo: hasta la trama puede modificarse a última hora y los personajes pueden ganar o perder importancia según la capacidad del actor. En ese juego de azar está el encanto del cine para quienes lo vemos como profesión.

El cine de hoy ha perdido magia. Para no complicarse la vida, la gente alquila películas en videocaset y se queda en su casa. Lo prefiere a exponerse a la lluvia, al tráfico, a las colas. La comodidad tiene un precio: el formato en que fue hecha la película se pierde en la reducción. Convengo en que es una alternativa cómoda, pero mientras se pueda escoger, me quedo con la pantallota donde parece que uno está metido en otro mundo.

Después de mi debut en *El peñón de las ánimas* hice una película que no tuvo otra importancia que la de darme experiencia: *María Eugenia*. El director, un señor de cortos alcances, había sido censor de Gobernación y conservaba la marca de su primer oficio: me tapó con una toalla en una escena en que debía salir en traje de baño. La historia no tenía ningún chiste, pero todavía no conquistaba el privilegio de rechazar películas que no me gustaran. *María Eugenia* y *La china poblana* fueron mis dos pecados de principiante. En *La china poblana* pagué una deuda de gratitud que tenía con Fernando Palacios. Era la película de sus sueños, la que había querido hacer conmigo desde que me echó el ojo. La hice por compromiso, a sabiendas de que no era un personaje para mí: yo tengo de china lo que un guajolote de pavo real. Dicen que la película se quemó en el incendio de la Cineteca y que mis *fans* han removido cielo, mar y tierra buscando una copia. Ojalá esté bien escondida y nunca la encuentren.

Doña Bárbara fue una película que me cayó del cielo. Yo no iba a ser la protagonista; ya estaba contratada otra actriz. Acababa de reconciliarme con mi padre, que por fin se había resignado a tener una hija fuera de lo común. Ya le andaba por volver a Navojoa, así que le dije: "Si se va a ir, yo lo llevo a la estación para que me vea manejar mi Packard nuevo". Ya iba de salida, con el pelo recogido en un chongo, cuando me hablaron de Clasa Films para invitarme a una comida en el restaurante Chapultepec en honor del novelista venezolano Rómulo Gallegos. Me cambié de ropa y llevé a mi papá a la estación. Llegué tarde a la comida. El lugar del festejo estaba donde ahora está el cine Chapultepec. Me paré en la puerta y esperé que alguien fuera por mí y me diera un lugar en la mesa. Mi aparición provocó una serie de murmullos. De pronto alguien gritó: "¡Aquí está mi Doña Bárbara!", y otro le hizo eco: "¡Sí, ella es!" Aún ignoraba lo que se estaba fraguando. Me presentaron a Rómulo Gallegos, el primero que había gritado, y de cerca lo impresioné más aún. Creo que mi chongo fue decisivo, pues con ese peinado me veía un poco mayor y quizá me tomó por una mujer que entraba en la madurez.

Tuvieron que pagarle sin trabajar a la actriz que habían contratado. A mí me dieron el doble de lo que cobré por *María Eugenia*. Desde que leí la novela supe que tenía el nervio y la personalidad para interpretar el papel, pero no la edad. El personaje de Gallegos es una señorona que ya viene de regreso de todo. Tuve que suplir con firmeza, voluntad y toda la fuerza de mi carácter los años que me faltaban. La película salió muy bien y fue un éxito formidable porque me compenetré con el personaje al extremo de sentirme Doña Bárbara. Los demás actores estaban fuera de tipo. Julián Soler como Santos Luzardo resultó una mala elección. Se requería un hombre *sexy*, una fuerza desatada de la naturaleza, y con Julián no daban ganas de hacer nada malo. En cuanto a la actriz que salía de mi hija, estoy segura de que era mayor que yo.

Rómulo Gallegos creyó en mí desde el primer vistazo, pero Fernando de Fuentes no me tenía confianza. Él había escogido a su actriz, le había puesto ya todo el papel. De pronto llego yo, me ve Rómulo, se encapricha conmigo y él se queda con el paquete de dirigir a una principiante. Fui una verdadera sorpresa para él. Tan me conoció y tan le gusté que después me volvió a llamar muchas veces.

Presentí que la película sería un gran éxito desde la *première* en el cine Metropolitan, donde me hicieron subir al estrado con varias estrellas de Hollywood que estaban de visita en México, entre ellas Heddy Lamar, y el público me dio la ovación más fuerte. Hasta entonces, en el cine mexicano la rifaban los hombres. Las mujeres iban de comparsas en papeles de heroínas cursis o madres abnegadas. A partir de *Doña Bárbara* se hicieron más películas para mujeres. No sólo me dio a conocer en toda Latinoamérica, sino que le debo el apodo con el que me conoce toda la gente: la Doña.

Fernando de Fuentes encontró en mí un filón de oro. Hice una estupenda mancuerna con él. Era un tipo extraordinario, de gran gentileza, muy educado, con un comportamiento de gran señor, un comportamiento que me convenía para trabajar. Con *La mujer sin alma* repetimos el campanazo de *Doña Bárbara*. Era la historia de una joven ambiciosa que se vale de su belleza y de su inteligencia para escalar en la sociedad a costa de los hombres que se la disputan. Mucha gente confunde a las mujeres sin alma con las prostitutas. No son lo mismo. Una mujer sin alma, como las que yo interpretaba, es atractiva, talentosa, triunfadora y se divierte mucho en la vida. Las prostitutas, en cambio, son crueles consigo mismas. Una mujer sin alma no se debe enamorar. Las prostitutas flaquean con el macho y son capaces de todo con tal de echarse a perder la existencia. Por lo general llevan una vida miserable, aunque sea con lujos.

Quiero aclarar que a mí ningún productor me encasilló en un tipo de personaje. De lo mucho que me ofrecían yo seleccionaba lo que más me convenía en cada momento. Pero si le había gustado tanto al público de *La mujer sin alma*, ¿por qué no continuar por ese camino?

En *La devoradora*, también dirigida por De Fuentes, mi personaje era una soltera que vivía en un departamento de lujo con su sirvienta, algo escandaloso para la época. "¿Cómo puede ser que una joven viva sola?", protestaban los mojigatos. *La devoradora* me consagró como destructora de hogares y enemiga número uno de la moral familiar. De algún modo seduje a la gente, incluso a la que reprobaba la conducta de mis personajes. En el cine y en la vida, seducir es más importante que agradar. Empezaba a forjarse mi leyenda sin que yo moviera un dedo. La imaginación del público hizo todo por mí.

La Doña cambió el vestido de noche por el rebozo cuando entré en contacto con Emilio Fernández y Gabriel Figueroa. Nuestra primera película en equipo fue *Enamorada*. Como en aquel tiempo andaba del tingo al tango y empezaba una película cuando apenas había salido de la anterior, sólo pude ver unos *rushes* de *Enamorada* en el cuarto de edición. Hace unos años la vi completa durante el homenaje que me hicieron en el festival de Huelva y me pareció extraordinaria. Gran película. Una obra maestra del *Indio* Fernández, de Gabriel Figueroa, de Mauricio Magdaleno, y desde luego mía y de Pedro Armendáriz.

Enamorada tuvo un éxito fenomenal en Europa, tanto de crítica como de público. Fue mi trampolín hacia el extranjero. Sin embargo, cuando me la ofrecieron tenía mis dudas. Como no estaba muy entusiasmada me duplicaron la cantidad que pedí. Así pasa: cuando uno dice *no* le va mejor; de lo contrario hay que conceder. No niego que la historia fuera desde el principio interesante, pero mi personaje estaba por debajo del de Pedro Armendáriz. Hablé con el guionista Mauricio Magdaleno, un escritor que me quiso mucho, y le propuse un trato:

—Mira, no puedo hacer la película tal como está. Yo ya tengo un lugar y no puedo aceptar un papel pequeño. Ahora que si me lo haces importante, entonces sí le entro.

Mauricio le dio la vuelta a la historia y elaboró un nuevo tratamiento con el que resulté muy favorecida. De pilón me dio un regalo: la serenata con *La malagueña*, que el Indio y Gabriel filmaron tomando un largo *close up* de mis ojos, con intercortes a Pedro.

El Indio tenía fama de enojón, de insultador, de duro, pero conmigo se portó bien. Se la sentencié al firmar el contrato: "A la primera que me hagas me voy a mi casa". No hubo una palabra de más ni de menos, tuvimos una relación de trabajo cordial y armoniosa. El Indio era inteligente, sensible, apasionado: una cabeza muy bien puesta en lo suyo. Estuve de acuerdo con él en todo, aunque de vez en cuando me permitía sugerirle cosas. Una tiene que seguir al pie de la letra las instrucciones del director porque sin director sencillamente no hay película.

El único director con quien tuve dificultades en México, aparte de Miguel Zacarías, fue un catalán que se llamaba Antonio Momplet. Con él hice *Amok* y *Vértigo*. Este señor creía que para dirigir necesitaba tratar a sus actores a latigazos. Conmigo no pudo. En una ocasión, durante el rodaje de *Vértigo*, se puso a explicarme una escena delante de todo el *staff* de una manera que no sólo me pareció descortés sino majadera, como si yo fuera una idiota y él un genio incomprendido. Lo miré fijamente y le dije:

—Me voy a mi camerino mientras usted piensa muy bien la disculpa que me va a dar delante de todas estas personas. Hasta que no me la pida yo no vuelvo al trabajo.

Y me salí del foro. Parece que Momplet hizo un berrinche de marca mayor. Dijo a quienes quisieron oírlo que él no iba a rebajarse pidiéndome excusas, que yo quién me creía, que él era la autoridad. Momentos después recibió un jalón de orejas del productor y se le bajaron los humos. Me mandó llamar y delante de todo el equipo se excusó por sus malos modos. Mi actitud no era una pose ni un arranque de temperamento: era una cuestión de dignidad. Como actriz y como ser humano yo siempre exigí respeto.

No sólo Momplet se quiso poner con Sansón a las patadas en esa película: Emilio Tuero también me dio mucha guerra. Con él tuve que ser más drástica.

Un amigo suyo, el periodista Osvaldo Díaz Ruanova, había escrito en su columna de chismes que mi mamá trabajaba de mesera en el Regis y por eso yo no tenía ninguna educación. El cretino tuvo el descaro de presentarse un día en la filmación y lógicamente ordené que no lo dejaran pasar al *set*. Vino Tuero a reclamarme y hubo una discusión con el productor. Por supuesto que esa alimaña no puso un pie en el foro: yo había exigido en mi contrato que sólo entraran actores y técnicos. El siguiente altercado con Tuero se produjo cuando me negué a besarlo en una escena de amor. El productor alegó que yo había aceptado íntegramente el guión y que por lo tanto estaba obligada a filmar la escena.

—Pues sí, eso dice mi contrato —le dije—, pero cuando lo firmé yo no sabía que al señor Tuero le apestaba la boca.

Por dar esas respuestas me hice fama de ser una actriz conflictiva, pero en realidad sólo tuve roces con la gente mediocre. Con actores de mi estatura nunca hubo problemas. Trabajar al lado de Pedro Armendáriz era una felicidad para mí. De todos mis galanes, incluyendo a los europeos, Pedro fue el más guapo, el más varonil y el que mejor se compenetró conmigo. Tenía una pinta estupenda, un repeluco sensacional. No necesitaba actuar: le bastaba con su presencia. Cuando Pedro se fue, el cine mexicano perdió a un gigante. Una personalidad como la suya es de las que no se vuelven a dar en cien años.

Cuando ya era la actriz más taquillera y mejor cotizada de México, todavía se dudaba de mi talento. "Es bellísima —decían—, pero no da la talla en un papel dramático." En *Río Escondido* les demostré que además de guapa era buena actriz. Es una película que me gustó mucho. Cuando el presidente Salinas de Gortari me entregó el Premio Ciudad de México en Palacio Nacional, le dije que ya había estado en ese lugar, interpretando a una maestra que recibía el encargo de alfabetizar a un pueblo en un remoto lugar del país. En aquella ocasión, el presidente y yo éramos personajes ficticios. Al momento de recibir el premio la ficción se volvió realidad.

Río Escondido es una de mis películas más aclamadas en el extranjero. Dio la vuelta al mundo, pasando por lugares tan apartados como China y la Unión Soviética. Vi carteles, con mi nombre y mi rostro, en ruso, en polaco, en checo, en alemán. La dirección de Emilio y la foto de Gabriel son insuperables. La película y yo ganamos el Ariel.

A partir de *Río Escondido* empezaron a gustarme los papeles difíciles. Busqué deliberadamente interpretar personajes que fueran lo más opuesto a mí en carácter y en físico. Películas como *La diosa arrodillada* o *Doña Diabla* no me exigían un esfuerzo mayor del normal. En cambio, para caracterizar a una india tarasca en *Maclovia* tuve que hacer milagros. En *Maclovia* conseguí parecer humilde, algo dificilísimo para mí. Pero ningún papel cinematográfico me apasionó y me fatigó tanto como el que la vida me obligaba a representar por aquellos años. En el cine había una historia que guiaba mis pasos. En el amor tenía que actuar sin libreto. Nadie podía enseñarme cómo ser la esposa de Agustín Lara.

89

Todo lo flaco del mundo, todo lo feo del mundo,
pero el más atractivo del mundo

CAPÍTULO VI

MARÍA BONITA, REGALO ETERNO

Desde niña fui fanática de Agustín Lara. Oía *La hora azul*, un programa de la XEW, en un radio chiquito que teníamos en la casa de Guadalajara, con mis hermanas y con las Rafo, unas amigas de la colonia. El presentador del programa era el vate López Méndez, uno de los locutores más famosos de entonces. Anunciaba un lápiz de labios con una frase que parecía escrita por Lara: "*Tangee no ha revelado jamás el secreto de un beso*". Luego seguían las canciones de Agustín. Tocaba *Aventurera*, *Mujer*, *Perdida*, *Noche de ronda*, y a mí se me caían las tobilleras de la emoción. Soñaba con oír esa voz cantándome al oído. Un día se me escapó decir enfrente de mi hermano Fernando: "Con este hombre me voy a casar". Fernando fue de acusón con mi mamá y me castigaron con una semana sin salir al parque, pero de todos modos yo seguí suspirando con *La hora azul*.

Mi primer encuentro con Agustín ocurrió cuando tenía muy poco tiempo en México. Un día que iba caminando por Reforma entré a hablar por teléfono al bar California. En la caseta había un señor flaquísimo que no paraba de hablar. Le toqué el vidrio para que se apurara. De pronto se abre la puerta de la caseta y sale Agustín.

Me quedé catatónica.

—¿Y usted quién es? —me preguntó.

—Y a usted qué le importa. Soy quien soy y qué.

Años después, el actor Tito Novaro, que fue mi compañero en *La china poblana* y conocía a Agustín, se ofreció a presentármelo cuando supo cuánto lo admiraba. Fuimos los tres a tomar una copa y charlamos como viejos amigos. Al final invité a los dos a cenar en mi departamento el sábado siguiente y me despedí muy ilusionada: el maestro Lara estaría conmigo, tal vez a solas, y podría pedirle que cantara todas mis canciones favoritas. Pero en el transcurso de la semana hubo un contratiempo. Me enteré de que *Doña Bárbara* sería presentada en el cine Palacio en una exhibición privada el mismo día que habíamos escogido para la cena.

Tenía tantas ganas de ver mi película que olvidé la cita con Agustín. Pero el sábado, al salir de casa, me lo encontré con Tito en la puerta del edificio y tuve que confesarles que con el entusiasmo por la exhibición se me había olvidado el compromiso con ellos. Agustín soltó una carcajada y propuso que fuéramos juntos al cine y luego a cenar. Al terminar la película elogió mucho mi actuación y yo pensé que sus alabanzas eran parte de una estrategia para seducirme. Nos llevó a cenar a un restaurante y luego lo acompañamos a casa de unos amigos suyos donde tocó el piano hasta el amanecer.

Al final de la reunión ya me había hecho el propósito de conquistarlo. Su compañía me gustaba tanto como su música. Fue una atracción recíproca, quizá más fuerte de su parte que de la mía. Desde esa noche empezamos a salir con frecuencia. Me colmó de regalos, entre ellos un piano blanco que un día apareció en mi departamento con una tarjeta que decía: "En este piano sólo tocaré mis más hermosas melodías para la mujer más hermosa del mundo". Al vernos en público, los periodistas empezaron a decir que andaba con él por hacerme publicidad, pero en ese momento yo iba para arriba y él para abajo, de modo que fui yo quien le dio un levantón.

Los primeros años de nuestra relación fueron muy felices. Agustín era muy *sexy*. Tenía la voz más excitante del mundo. Ya con la luz apagada, la voz es lo que más conmueve. Toda la gente lo veía feo, pero en la intimidad le ganaba a cualquiera. Estaba un poco acomplejado por su cicatriz. Yo le decía que le iba muy bien, que le daba personalidad. Creo que si no se la hubieran hecho él se la debería haber mandado hacer. Le daba un ambiente canalla que atraía mucho a las mujeres.

Como amante era una maravilla, seguramente por la experiencia que adquirió cuando tocaba el piano en casas de citas. La levantada era siempre tarde con Agustín, porque se desvelaba mucho. Trabajaba en centros nocturnos, y como yo salía temprano a los estudios, a veces nos dejábamos de ver toda la semana. Mejor para nosotros, porque así nos veíamos con más gusto, sin caer en la rutina de las parejas convencionales, que aburre y desgasta.

Agustín creaba en torno mío un ambiente de amor, desde la manera de despertarme hasta la ternura con que me trataba enfrente de los demás. Tenía un comportamiento de príncipe. Me llevaba el desayuno a la cama y luego me invitaba a la recámara donde grababa sus canciones. La primera canción que me compuso fue *Saca los nardos*, *morena*, una noche que nos desvelamos hasta la madrugada, por eso la letra dice: "Saca los nardos, morena, saca los nardos, que hay luz de la mañana en tus ojazos". Al día siguiente la estrenó en su programa de la W, que ahora se llamaba *La hora íntima de Agustín Lara*.

En las noches que tenía libres me llevaba a cenar y a bailar. Íbamos mucho al Ciro's, un cabaret del hotel Reforma donde se reunía el *tout Mexique* de entonces y donde los cronistas de sociales iban a recoger chismes. De la elegancia pasábamos a los tugurios del centro, donde Agustín era el rey. Recorríamos el Leda, el Esmirna, el Salón México y otros cabarets que ya no recuerdo cómo se llamaban. Yo me sentía muy protegida en esos lugares, porque las mujeres alegres habían visto mis películas de mujer sin alma y me consideraban una de ellas. Lara y yo juntos éramos un espectáculo popular. Dondequiera que nos presentábamos pasaba algo. Una noche, saliendo del Capri, fuimos a rematar al Esmirna y, cuando entramos, un pelado le gritó a Agustín:

—¡Ese mi flaco de oro, tóquese la mula *Pecadora* mientras yo chancleteo con su greñuda! ¿No?

Cruzamos una sonrisa y Agustín se dirigió al piano a tocar *Pecadora*, pero antes volteó hacia el tipo y le dijo:

—La mula *Pecadora* ahí te va, pero mi greñuda no chancletea con nadie.

En otra ocasión fuimos a un bar que se llamaba El Gran Vals, donde tocaba valses un trío de piano, violín y chelo. Nos sentamos en un reservado y de repente vino una fichera que se me quedó mirando muy feo. Molesto, Agustín iba a llamar al capitán de meseros cuando la tipa me dijo:

—Realmente, señora, qué hermosa es usted. Permítame que le regale una flor —y se quitó una rosa que traía en la cabeza.

Los domingos íbamos a las corridas de toros. Siempre sentados en barrera de sol, éramos el blanco de la picardía popular. Me gritaban: "¡María, vas a acabar con el flaco!", y un día que Agustín llevaba un traje negro alguien gritó: "¡María vino con paraguas!" Al principio las burlas nos caían en gracia, pero luego la gente se puso muy grosera y Agustín ya no me quiso llevar a las corridas ni al box. "Tú eres una reina —decía— y no voy a permitir que te falten el respeto."

Lo quise mucho, pero no a ciegas. Para eso hay que perder el control de la voluntad y yo nunca me abandono totalmente a un hombre. Para que haya un amor ciego debe haber mucho secreto y mucho misterio. Eso era imposible con Agustín, porque llegué a conocerlo demasiado, aunque siempre tuvo secretos para mí. No era melancólico, como cree la gente, pero sí extraño. A veces quería decirle algo y él pasaba de largo como si yo no existiera: estaba ido. Era entonces cuando me preguntaba si no sería cierto el rumor de que Agustín era adicto a la cocaína y fumaba marihuana para inspirarse. Una mañana entré al baño de su cuarto a buscar una navaja y en el botiquín encontré una hoja de papel doblada. Sudé frío al descubrir que contenía un polvo blanco. Para salir de dudas probé un poco del polvo aquel y me senté a esperar una reacción que nunca se produjo: eran polvos de sulfatiazol.

La única droga que de verdad le gustaba era el éxito. Pretencioso y farolón, se paraba en sus tacones de músico poeta porque sabía muy bien cuánto valía su talento. En público, de pronto se soltaba a hablar en francés para apantallar a la concurrencia, sobre todo cuando había otras mujeres bonitas alrededor. Yo lo dejaba coquetear con todas porque pensaba: el día que ya no me quiera, que se largue.

Una de las cosas que más le agradezco es el haberme ayudado a recuperar a mi hijo. Un día Quique me escribió que su padre quería internarlo a la fuerza en un colegio de San Luis Potosí, y me rogaba que fuera por él. Ya era famosa, tenía más dinero y más influencias que mi ex marido. Me había llegado la hora de la venganza. Le mostré la carta a Agustín y me dijo: "Yo te ayudo, vamos a recuperarlo, vamos por él a Guadalajara".

Tomamos dos coches, Agustín se quedó en Morelia a esperarme y yo seguí hasta Guadalajara con el chofer. Llegamos ya entrada la noche. La abuela de Quique me quería mucho, también a Agustín: estaba enamoradísima de él porque había venido con el niño a pasar unas vacaciones con nosotros. Era una mujer muy fina, de una de las grandes familias de Guadalajara, los Alatorre. Le dije que iba a llevar a Quique a tomar un helado y accedió sin olerse nada. Luego, mientras él saboreaba su helado, le dije que había venido para llevármelo a México y salvarlo del internado. Se puso muy contento pero quería que su abuela viniera con nosotros. Le expliqué que de momento no era posible, pero que más tarde la invitaríamos a visitarnos.

Esa misma tarde llegamos a Morelia, donde nos esperaba Agustín. Subimos a su coche y el mío continuó el viaje con el chofer, por si alguien nos perseguía. Ya en México llamé por teléfono a la abuela para calmar su angustia y le dije que de ahí en adelante Quique viviría conmigo. A los pocos días el padre vino a reclamarlo muy enojado y entonces le di frente:

—¡A ver, ahora quítamelo, vamos a ver quién puede más!

Y no pudo hacer nada, porque yo tenía amigos muy poderosos en el gobierno.

Batallé mucho con Quique porque su abuela lo tenía muy mimado. Una vez le serví un plato de sopa y lo rechazó:

—Esta sopa no me gusta, ¿qué otra hay?

Le contesté que sólo había una sopa y el angelito hizo un berrinche:

—¿Qué clase de actriz eres? No tienes más que una sola sopa. Mi abuela me hacía cuatro o cinco para que yo escogiera.

Con paciencia y con la ayuda de Agustín logré calmarlo. Él quería mucho al niño y lo trataba como hijo suyo, pero a veces Quique no se dejaba querer. Una vez Agustín lo regañó porque había hecho no recuerdo qué travesura y el niño se quiso vengar. A la hora de la comida Agustín se sirvió agua de jamaica y al probarla hizo un gesto de repugnancia.

—Esta agua tiene algo, sabe a rayos.

Quique había querido envenenarlo mezclando champú y gotas para la nariz en la jarra de agua. Ahora nos reímos de su ocurrencia, pero me pregunto qué hubiera pasado si en lugar de champú hubiera llenado la jarra con veneno para las ratas.

Cuando me acababan de otorgar la patria potestad de mi hijo tuvimos un accidente que por poco nos cuesta la vida. Habíamos ido con Agustín a un banquete que nos ofreció el presidente municipal de Tehuacán, que era un gran admirador de los dos. Al terminar la comida dimos una vuelta por el mercado del pueblo. Enrique vio unas calandrias preciosas y me pidió que se las comprara. Yo no quería porque los pájaros son de mal agüero en los viajes, pero el niño se encaprichó y Agustín tuvo que comprárselas. De regreso a México, en la carretera México-Puebla, se nos ponchó una llanta yendo a toda velocidad. El coche se salió del camino y nos volteamos en unos huizaches. Agustín, que iba al volante, salió con una pierna fracturada y mi hijo se hizo dos cortadas en la cara. Por fortuna yo quedé ilesa y me bajé a pedir auxilio a los automovilistas que iban pasando. Gracias a nuestra amistad con Renato Leduc el incidente no llegó a la prensa. De lo contrario, el papá de Quique lo hubiera tomado como pretexto para exigirme de nuevo la custodia del niño, alegando que su vida corría peligro conmigo.

Mis amigos poderosos fueron la causa de las primeras dificultades con Agustín. Yo parecía un imán para los políticos.

Hubo un general muy conocido, miembro del gabinete presidencial, que me ofreció casas, automóviles, pieles, dinero. Algunas personas creyeron que yo era amante suya y el chisme corrió por todo México. Lo malo era que esos rumores llegaban a oídos de Agustín y él era tremendamente celoso. Tenía una manera de celar que no me convenía para nada. Cuando estaba de buenas me hacía canciones maravillosas, pero en sus ataques de celos me interrogaba como un detective: "¿Con quién fuiste a cenar anoche? ¿Quién es el tipo que te habla por teléfono? ¿Por qué aceptas regalos de otros?"

Posiblemente habría durado más tiempo con él si hubiera tenido mejor carácter, pero a mí sus celos me aburrían a muerte. Me hizo muchas escenas desagradables porque se creía engañado. Un día de su santo fui a la joyería Kimberly de Madero a comprarle unas mancuernillas grabadas con sus iniciales. Me las prometieron para las dos de la tarde, pero cuando fui por ellas no estaban listas y tuve que esperarme hasta las cuatro. Ese día, por casualidad, el flaco llegó a comer a la casa (normalmente comía fuera) y se puso furibundo por no encontrarme. Cuando por fin llegué con las mancuernillas aventó el regalo y se encerró en su cuarto muy enojado. Esa noche habíamos invitado a cenar a Renato Leduc y a Tito Novaro, pero al llegar percibieron el ambiente hostil que se respiraba en la casa y se retiraron discretamente.

Además de celoso, Agustín era hipócrita: lo caché en varias mentiras. No me contaba todo sobre su vida, ni yo se lo preguntaba, pero le sabía cosas que a la hora de los pleitos me daban ventaja. Es una protección inmensa saber de la pareja más de lo que él sabe de una. Supe que tenía dares y tomares con una tiple del teatro Lírico, de ésas de asentaderas muy polveadas. En vez de armar un escándalo, como hubiera hecho una mujer celosa, me guardé la información para utilizarla en el momento oportuno.

Me casé con Agustín cuando las cosas ya iban mal entre nosotros. En realidad me casé para divorciarme. Tenía cinco años de vivir con él, empezaba a cansarme y no sabía cómo terminar la relación. En un viaje a Navojoa hablé del asunto con Chefa y ella me aconsejó:

—Si has vivido con ese hombre tanto tiempo, no te vas a ir así nada más, ¿verdad? Tú no eres cualquier cosa, ponte importante con la gente, cásate y luego déjalo. Ponle placas al coche, que circule.

Nos casamos por lo civil en la Nochebuena de 1945, en una fiesta para íntimos a la que asistieron Renato Leduc, Ernesto Alonso, mi secretaria Rebeca Uribe, Armando Valdés Peza y mi hermano Fernando. Agustín mandó cubrir la chimenea de heno perfumado y foquillos multicolores. Después de la cena abrió botellas de champaña como para emborrachar a una multitud y pidió a los invitados que rompieran las copas donde bebían. Sobró tanta champaña que Agustín tuvo la ocurrencia de regar con ella los rosales del jardín "para embriagar a las rosas".

De luna de miel fuimos a Acapulco, a un hotel que ya tiraron, El Papagayo. Eran unos búngalos de lujo enfrente de la playa de Hornos. Ahí me compuso *María bonita*, la canción que ahora me tocan en todas partes del mundo cuando llego a un restaurante o a un centro nocturno. Era un regalo para mí que al principio no quiso grabar, para no compartir nuestra intimidad con el público. En el primer aniversario de bodas me la llevó de serenata con Pedro Vargas y entonces lo convencí de que la incluyera en un disco. En plena luna de miel, Agustín tuvo un gesto de crueldad que para mí fue una señal de peligro. Estábamos en la playa junto a un montículo de arena del que salió una iguana. Agustín la vio y le tiró una pedrada. Le dije que no la matara, porque la iguana es uno de mis animales preferidos, pero él se puso en el papel de macho bromista y aplastó contra unas rocas al pobre animal. Nunca se lo perdoné. Sentí que el día menos pensado podía hacer lo mismo conmigo.

Me pidió perdón de una manera muy poética. Estaba filmando *Enamorada* y un día me mandó un enorme ramo de rosas en forma de corazón. Al abrirlo encontré una sorpresa: mi hijo Enrique estaba dentro del ramo. El regalo se repitió día tras día, ya sin Enrique, y Gabriel Figueroa, que era mi pretendiente en broma, se aprovechó de la situación para quitar las tarjetas de Agustín y regalarme los ramos a nombre suyo.

Poco después de la boda tuve un golpe de suerte de esos que se dan una sola vez en la vida. Debo retroceder en la narración para contar los antecedentes. Recién separada de Enrique Álvarez, cuando me vine de Navojoa a México porque ya no aguantaba el ambiente de provincia, me encontré en el tren Sudpacífico a un amigo de mi padre establecido en Guadalajara que era muy rico y me triplicaba la edad. Tan rico era que cuando le preguntaban si era de Guadalajara, él respondía: "No, Guadalajara es mía". Al verme sola en el tren, naturalmente me echó los perros. Yo no quise, para nada, y lo mandé a volar, pero él siguió insistiendo todo el viaje: "Mira, yo te puedo ayudar —me decía—. ¿Quieres ir a una gran escuela? ¿Quieres vivir como una princesa?" "Gracias, ya le dije que no quiero nada", respondía yo, y así hasta que llegamos a México.

Después me estuvo hablando a casa de la señora Russek: "Vente a tomar un café, vamos a tomar una copa", y a veces yo aceptaba sus invitaciones pero en buen plan, tratándolo nada más como amigo. Pasaron los años y nos perdimos la pista. Ya estaba casada con Agustín cuando volvió aparecer en mi vida. En el año 1946 hubo una huelga de gasolineras en el Distrito Federal y Agustín me dijo una mañana: "Oye, Maruca, ¿no quieres ir a ponerme gasolina? De seguro que por ti rompen la huelga". Le hice el favor y salí a la calle, porque yo no era una mujer sumisa pero sabía tener atenciones con el señor de la casa. Cuando los empleados de la gasolinera me vieron llegar, quitaron las banderas rojinegras y me llenaron el tanque a cambio de unos autógrafos. De regreso a casa vi a un tipo misterioso que me seguía en un coche y pensé: ¿pero esto qué es? ¿Me querrá secuestrar o qué? De repente se me cierra el tipo y tuve que darme un enfrenón. "¿Qué quiere usted?", grité. "No se trata de ningún galanteo —explicó—. Soy abogado y quiero hablarle de un asunto que le conviene a usted, no a mí. La he seguido porque no me pareció prudente verla en su casa. El asunto es muy delicado."

Se trataba de una herencia. El multimillonario amigo de mi padre acababa de morir y me había dejado una parte de su fortuna. Fui al despacho del abogado y ahí me enteré de que la viuda ya lo sabía, pero no pudo impedir que yo recibiera la herencia, porque el testamento era muy claro. Fue un homenaje de aquel señor, así lo entiendo ahora. Lo que admiró de mí fue mi resistencia, mi fuerza de voluntad para decir *no*, y quiso que yo lo recordara toda la vida. Hice todos los trámites en secreto para no lastimar a Agustín. ¡Lo que hubiera pensado si llega a enterarse!

Con el dinero de la herencia y lo que yo había guardado de mis películas compré una casa en Aristóteles 127. Nos mudamos allá porque me daba seguridad ser la dueña de mi propio terreno. Agustín estaba cada vez más pesado con los celos.

Sospechando que la casa no había salido de mis películas, insistía en saber quién era mi amante, y como a mí me daba coraje que fuera tan desconfiado empecé a ignorarlo y a decirle que se marchara cuando quisiera.

Una noche tuvimos un pleito tan fuerte que a la mañana siguiente agarré mis maletas y me fui a Nueva York, dejándolo dormido en la casa. Cuando se despertó yo ya iba en el avión con mi amigo Valdés Peza, que por ser homosexual era el acompañante perfecto para esos viajes. En mi ausencia Agustín compuso *Humo en los ojos* y *Cuando vuelvas*. Cuando volví me las regaló en señal de reconciliación, pero la concordia no duró mucho. Poco después Agustín descubrió que yo había traído de Nueva York unas alhajas, regalo de un admirador que me salió por allá, y me hizo una escena terrible de la que fue testigo Ernesto Alonso, a quien le presentó las joyas como prueba de mi perfidia. Entonces yo le recordé sus infidelidades con una tiple de nalgas polveadas, lo puse en la puerta y mandé sus trajes al teatro Arbeu. Por instrucciones mías, el chofer entró al patio de butacas con sus trajes envueltos en una manta que tenía bordadas mis iniciales, y cuando Agustín estaba empezando a tocar *Mujer*, la primera canción de su *show*, le tiró la ropa al escenario enfrente de todo el público. Tuvo que suspender la pieza para recoger sus calzones.

Pero él no se dio por vencido, y sus celos por poco me cuestan la vida. El año 1947, quizás el mejor de mi carrera, fue uno de los más tristes de mi vida en el aspecto sentimental. Era la actriz mejor pagada de México, empezaba a tener ofertas del extranjero y el regente Corona del Rosal me coronó Reina de la Primavera en una ceremonia a la que asistieron varias estrellas de Hollywood. México estaba rendido a mis pies, pero mi relación con Agustín ya era un desastre.

Entonces él trabajaba todas las noches, yo hacía *Río Escondido* y casi no nos veíamos. Una mañana me levanté muy temprano, como a las cuatro, porque a las cinco iba a llegar mi peinador y el llamado era a las seis en Palacio Nacional. Entonces Agustín salió de su cuarto y vino a mi recámara. Yo ni le pregunté qué andaba haciendo despierto. En un mueble de mi cuarto estaban las trenzas que yo usaba en la película. Para recogerlas tenía que pasar por el cuarto de baño y ahí me siguió Agustín. "Maruca", me dice. Yo estaba parada frente a la ventana y al voltear lo vi sacar una pistola. Instintivamente me agaché y en ese momento soltó un balazo que me pasó arribita de la nuca. Abajo estaba mi maquillista Armando Meyer, que oyó la detonación y subió la escalera corriendo. Su presencia evitó un segundo disparo.

No sé como pude ir a la filmación después de un susto como ése. Las manos me temblaban en el volante y tenía los ojos húmedos, como queriendo llorar pero sin llorar. Cuando llegué me dijo Gabriel Figueroa: "Óyeme, te veo muy rara, ésta no es una escena de lágrimas. Vienes a ver al presidente de la República pero no vienes llorando. Mira, te voy a dar un premio. ¿Ves el candil que está ahí arriba? Si no lloras te lo voy a poner de corona". Y así fue como salió la película. Gabriel era y es una lindísima persona. Gracias a él pude pasar ese trago amargo, uno de los más terribles de mi vida.

Cuando terminé *Río Escondido* llevé a Quique a una escuela militar de Los Ángeles, para que no lo afectaran las turbulencias de una separación que ya era inminente. Después del balazo Agustín me pidió perdón de rodillas. Lo perdoné porque en el fondo era noble, pero no quise volver a la casa. Entonces me llegó una oferta del productor Cesáreo González para hacer varias películas en España. Se lo dije a Agustín y él me quiso acompañar. Yo me negué y él se empeñó en que mientras fuera su esposa no me dejaría viajar sola. Tuve que posponer el viaje para el año siguiente mientras arreglaba el divorcio. Poco antes de tomar el avión a Madrid recibí una carta de Agustín en la que volvió a mostrarse como un caballero:

Ni tu ni yo, María, creemos en la casualidad. Hay un supremo designio, absoluto y eterno, que une a las almas o las separa. Los filósofos llaman a este fenómeno, destino. Los gitanos le llaman suerte. Y esto ha sido para mí encontrar el diluvio de cascabeles de tu risa, tu rebeldía, tu inconsciencia, tu calidad humana y, por fin, tu amor.

En España encontrarás un nuevo templo donde todas las religiones se vuelven una sola; un idioma que habla toda la humanidad; una música que cantan los hombres y los pájaros y el mar y los árboles y la sangre: ¡Bendita seas!

Una mujer deforme llega a Madrid

Capítulo VII

A LA CONQUISTA DE EUROPA

Antes de viajar a Madrid rechacé una oferta de matrimonio de Jorge Pasquel, que puso a mis pies una de las mayores fortunas de México. Pasquel era de Veracruz y conocía desde la infancia a Miguel Alemán, quien le daba trato de hermano. Cuando me hizo la corte estaba en la cumbre de su poder, porque su amistad con el presidente le abría todas las puertas, dentro y fuera de México. Tenía un físico de atleta, pero su principal atractivo era el desprendimiento. No reparaba en gastos con tal de halagar a una mujer. Cuando hice *Maclovia* me llenó de atenciones. Una vez le dije por teléfono que se había acabado el hielo en el hotel de Pátzcuaro donde estaba hospedada con todo el equipo de filmación y a la mañana siguiente me mandó un hidroavión con un refrigerador. Le di las gracias impresionada y él quiso mandarme todos los días el hidroavión con manjares y golosinas. Era un lujo excesivo que contrastaba con la pobreza del lugar, y entonces le pedí que en vez de enviarme caviar y langostas, llenara el hidroavión con sacos de maíz, arroz y frijol para repartirlos entre los indios de Janitzio. Era lo menos que podía hacer por la gente del pueblo, que se portó de maravilla conmigo.

Otro detalle magnífico suyo fue sacarme de un aprieto cuando me quedé sin maletas en Nueva York. Estaba trabajando en un teatro latino, en un *show* en el que tocaba la guitarra y cantaba canciones de Lara. Yo no tenía voz pero era entonada para cantar bajito, y ganaba mis buenos dólares con esas presentaciones. Un sábado, cuando ya estaba por terminar mi temporada en el teatro, el equipo de ayudantes que me acompañó al viaje se fue al aeropuerto con mis cuarenta maletas, dejándome sin un triste vestido para el día siguiente. Al verme sin ropa llamé por teléfono a Jorge y le dije:

—Fíjate que estoy en un momento difícil. Se llevaron mis maletas y no sé qué hacer, es sábado y todas las tiendas están cerradas.

—No te apures —me tranquilizó—, en este momento llamo al Saks de la Quinta Avenida. Voy a pedir que te abran la tienda para que saques lo que necesites.

Minutos después me habló por teléfono la señorita de *public relations* de Saks para decirme que fuera de inmediato a escoger la ropa que me gustara porque lo había pedido mister Pasquel. Vino a recogerme una limusina, me abrieron la tienda para mí sola y esto fue que pieles por aquí, que vestidos por allá y docenas de zapatos, abrigos, sombreros.

Por fortuna me di cuenta a tiempo de que Jorge no me convenía. Como buen mexicano era tremendamente celoso. Cuando Gabriel Figueroa me trajo a firmar a mi casa el contrato de *Maclovia*, Jorge se portó muy grosero con él. Desde que los presenté lo vi raro. Como Figueroa era muy cariñoso conmigo, lo tomó por un rival y no pudo ocultar su enojo. Nos sentamos los tres a comer en un ambiente de insoportable tensión. Al día siguiente debíamos salir a Pátzcuaro por carretera y Gabriel tenía su carro en el taller. Le propuse que se viniera en mi Cadillac, él aceptó y Jorge se nos quedó mirando con desconfianza. Pasamos a otro tema, pero él estaba furioso y de pronto, sin decir con permiso ni nada, se levantó de la mesa y salió de mi casa. Cuando Gabriel se fue lo encontró en la puerta, haciendo tiempo en su coche.

Volvió a entrar y tuvimos una discusión. Le pedí que tratara a Gabriel con más respeto, asegurándole que sólo era un amigo, y al día siguiente estuvo muy amable con él, pero ahora Gabriel era el ofendido. Jorge iba a llevarnos a Pátzcuaro en su Cadillac de siete plazas y le pidió que se viniera con nosotros en el asiento de atrás.

—No, gracias —le dijo Gabriel—, fíjese que yo me duermo en la carretera y no quiero recargarme en ninguno de ustedes.

Total que se fue adelante y en todo el camino me venía haciendo gestos por el espejo retrovisor, burlándose de Jorge, que tenía la conversación más desabrida del mundo. Nos tuvo dos horas oyéndolo hablar de los problemas que podían ocasionar los pelos enterrados en el cuello y del barbero que le había recomendado Miguel Alemán para que lo rasurara científicamente. A la mitad del camino me preguntó si ya tenía hambre. Le dije que sí y sacó una mano para que se detuvieran las seis camionetas que nos venían escoltando: una para su profesor de gimnasia, otra para el comandante con quien practicaba el tiro al blanco todos los días, otra para su barbero y otras que nunca supe para qué servían. Cuando nos bajamos del coche ya estaban las mesas puestas con comida caliente.

Después de la comida Jorge retó a Gabriel a echar unos tiros al blanco. Le trajeron un estuche con cuatro pistolas, escogió una .45, y como a veinte metros le pusieron una hilera de Coca-Colas. Recargó el codo en el estómago, apuntó y en tres segundos las tiró todas.

—Yo me río de los charros que sacan ustedes en el cine tirando con el brazo suelto —le dijo—. Nadie puede tirar así porque lo tumba la pistola. Le toca a usted.

Gabriel se había quedado perplejo y para no hacer el ridículo dijo que tenía el brazo dormido por tantas horas de viaje. Pobre de mí si llego a casarme con Jorge. Agustín me tiró un balazo y falló, pero con un campeón de tiro no tenía escapatoria.

Otra de las cosas que no me gustaban de él era su actitud mandona. Un día me quitó el cigarro de la boca y lo aplastó en el suelo, porque le tenía horror a los fumadores. Ese tipo de cosas pintan un futuro. Llegó un momento en que sentí necesario separarme de él para enfriar un poco nuestra relación, y el viaje a España me vino como anillo al dedo. El día que nos despedimos, la víspera de mi salida a Madrid, le dije adiós con el cigarro en la boca.

Cesáreo González, el productor que me llevó a España, tenía muchas ligas con México. Había sido panadero en Puebla, hizo una gran fortuna y volvió a su tierra con dinero para invertir en el cine. Había visto *Enamorada*, le gustó mi personalidad y vino hasta acá para contratarme. Por supuesto, la prensa se apresuró a inventarnos un romance. Decían que por mi culpa Cesáreo había dejado a su esposa y a sus hijos en la miseria, como los galanes otoñales que yo arruinaba en las películas. De ese modo aprovechaban la inclinación del público a confundir mi vida real con la imagen de vampiresa que tenía en la pantalla.

Cuando me fui a España saqué a Quique del colegio militar de Los Ángeles, donde pasó una temporada muy corta, y lo mandé a un internado en Toronto, el Upper Canada College, donde la disciplina era menos rígida. Estuvo una semana en

México y ya no se quería separar de mí. Cuando lo despedí en el aeropuerto me dijo desde la escalera del avión, agitando su manita: "¡Mala madre, adiós!" El reproche no me hizo mella porque yo sabía que el principal beneficiado con la separación iba a ser él. Yo tenía la responsabilidad de educarlo y eso para mí era más importante que tenerlo conmigo para hacerle cariños. El amor de madre siempre me ha parecido la cosa más cursi del mundo. Por eso le dije desde que llegó a vivir conmigo: "Yo no te saqué del internado para tenerte pegado a mis faldas. Te saqué para darte una educación. Si de veras me quieres, tienes que aprender a estar solo".

Con todos mis asuntos arreglados cumplí mi anhelo de viajar a España. Tomé un avión Constellation con toda mi *suite* de asistentes: peinadora, maquillista, secretaria, costurera, y mi inseparable modisto Valdés Peza, un hombre culto, educado, mundano, con el que pasaba ratos muy divertidos. Llegamos a ser íntimos amigos y le puse un apodo muy adecuado para su carácter: el *Mago Carrasclás,* porque era amable por delante y malvado por detrás. En el avión hice amistad con el dramaturgo Luis G. Basurto. Le pedí un dulce de cajeta, charlamos y a partir de ahí se unió a mi séquito de acompañantes. Por su gran estatura yo le decía que era "un alto en mi camino", y como inspiraba respeto le daba a cuidar el maletín donde llevaba mis joyas, al que le decía "el niño", en alusión a una leyenda macabra que los diarios amarillistas habían hecho circular en aquel tiempo, según la cual yo llevaba en ese cofre los restos de un hijo abortado por el que sentía un afecto enfermizo.

Mis películas habían sido un éxito en España —especialmente *Enamorada*—, y en el aeropuerto de Barajas acudió a recibirme una multitud. El primer reportero que vino hacia mí al bajar del avión me dijo:

—Nos dan gato por liebre. México nos manda una mujer deforme.

—¿Deforme? ¿Por qué?

—Porque tiene usted los ojos más grandes que los pies.

En la aduana me presentaron a Luis Miguel Domínguín, que venía de Sevilla, y como los españoles son tan efusivos me plantó un beso. Jorge Pasquel me vio retratada con Domínguín en los periódicos de México, se creyó engañado y como era tan orgulloso fue a desquitarse a mi casa de Aristóteles. Entró hecho una furia empujando a la servidumbre y destrozó todas mis lámparas, mis vajillas y mis adornos de cristal cortado. No pude tomar represalias porque en un pleito legal él llevaba las de ganar, y nunca más le volví a ver el pelo. Murió unos años después, joven todavía, piloteando una avioneta que estalló en el aire.

Al día siguiente de llegar a Madrid, en un paseo por la Gran Vía, tuve la suerte de encontrar a mi amigo Pedro Corcuera, un mexicano emparentado con la nobleza española que me presentó a gentes muy notables de España, como por ejemplo el duque de Alba, con quien sostuve una larga y estrecha amistad. En aquellos años, la alta sociedad española era tapada, excluyente, muy secreta en sus libertinajes, y la Iglesia mandaba en todas partes con una arrogancia tremenda. Por suerte yo me desenvolví en un ambiente más libre, donde se respetaba exteriormente a la Iglesia, pero sin hacerle caso.

El pueblo, en cambio, sufría una opresión moral espantosa. Me enteré de los abusos que padecía la gente por mi propia servidumbre. Una de mis recamareras, Delfina, tenía inscrita a su hija de diez años en un colegio de monjas de Toledo. Un día regresé de noche al hotel Ritz y me encontré a la niña llorando en la puerta de mi habitación.

—Necesito hablar con usted —me dijo muy afligida—. Vine a pedirle ayuda porque tengo un problema.

La invité a pasar y entre sollozos me contó que la madre superiora del internado la obligaba a dormir en su cama todas las noches y le metía mano a solas o en conciliábulo con otras monjas. No era la primera colegiala que recibía ese trato, pero ninguna de las manoseadas se atrevía a denunciar a la madre.

—Ayer me escapé de la escuela y no quiero volver nunca más: pídale a mi mamá que me saqué de ahí. Yo no puedo contarle nada porque no me creería, pero a usted la respeta mucho.

A la mañana siguiente hablé con Delfina. Era tan mocha que al principio no me quiso creer, hasta que le conté mi propia experiencia con el cura manolarga de Guadalajara. Entonces comprendió que su hija estaba en peligro y corrió a sacarla del internado, pero no denunció a la monja por miedo a las represalias del clero.

Al poco tiempo de llegar a España recibí un homenaje de Agustín, que todavía no se resignaba a mi ausencia. Una noche me fui de fiesta con Amparo Rivelles, Cesáreo González y Luis G. Basurto. Íbamos entrando al cabaret Villa Fontana cuando Ana María González, al verme llegar, comenzó a cantar el chotis *Madrid*. Yo sabía que Agustín me lo había dedicado, pero al oírlo por primera vez me sacudió una profunda emoción. Por un momento me quedé parada en el pasillo, con el pulso agitado, recordando al flaco. Luego tuve un gesto de energía y comencé a caminar hacia la mesa de pista que nos habían reservado. Finalmente Agustín se salió con la suya. No pudo acompañarme al viaje físicamente, pero a través de su música me acompañó en espíritu.

No lo llegué a extrañar, sin embargo, porque si algo me sobraba en España era la compañía masculina. Luis Miguel Dominguín fue un capricho pasajero. Estaba bonito, era joven y gozaba de mucha popularidad en España. Le gustaba disfrutar la vida y yo tenía un carácter parecido al suyo, así que hubo buena química entre los dos. Lo vi en algunas de sus corridas y recuerdo muy especialmente la de la plaza de Linares, cuando murió Manolete, que también era amigo mío. Fue una tarde horrorosa. Dominguín y Manolete estaban de pique, se decían cosas hirientes desde el paseíllo. Tal vez por eso Manolete perdió el aplomo. La cogida sucedió en el preciso instante de entrar a matar, cuando el toro y el torero están frente a frente, con un cincuenta por ciento cada uno de probabilidades a su favor. Creo que todavía no me repongo de la impresión porque desde entonces, cuando voy a una plaza de toros, recuerdo aquella tarde y me siento mal.

Sin embargo, mi amor por la fiesta brava no ha disminuido. Es uno de los pocos espectáculos viriles que nos quedan en estos tiempos de hedonismo blandengue. Como artista, el torero debe tener tanto o más talento que un pintor o un poeta, pero además arriesga la vida en cada faena. El hombre que se para frente a un toro de 500 kilos me recuerda el valor y el arrojo que alguna vez tuvo la raza humana, cuando luchaba con las fieras en una guerra a muerte.

Mi primera película española fue *Mare Nostrum*, una historia de espionaje donde interpreté a una especie de Mata-Hari. La dirigió un hombre de mediano talento, Rafael Gil, y mi galán era Fernando Rey. En algunos momentos, el personaje que yo interpretaba tenía desplantes que parecían copiados de mi carácter. En la escena final, cuando iban a fusilarme y el carcelero me preguntaba cuál era mi última voluntad, yo respondía: "¡Que traigan mis joyas y mi espejo!"

Al terminar *Mare Nostrum* me fui a curar una sinusitis a Palma de Mallorca, donde tuve una experiencia conmovedora. Estaba tomando el sol en la playa del hotel Formentor, cuando vino hacia mí una barca de pescadores.

—Hey, guapaza, ¿no quieres ir a Mahón? —me dijo el que echaba las redes, un joven musculoso y curtido por el sol—. Nosotros vivimos allá y tenemos que volver ahora mismo.

—Pero ¿cómo quieren que me vaya con ustedes así como así? No estoy loca para subirme sola con cuatro hombres.

—Yo respondo por los chavales —me dijo un viejo que los acompañaba—. Son mis hijos y les he enseñado cómo tratar a las damas. Suba usted sin temor.

Acepté la invitación porque tenía ganas de una aventura. Ninguno de los pescadores me faltó al respeto en toda la travesía, y en agradecimiento a su nobleza me quedé a dormir en su casita de Mahón, en un camastro que me acondicionaron para pasar la noche. Al otro día, con una remojada de pelo, ya estaba lista para salir a pasear, porque a esa edad no necesitaba champú ni nada. Fui a dar una vuelta por la isla y entré a un pequeño museo donde se exhibían caracoles y conchas marinas. Me quedé viéndolas un largo rato, fascinada con sus formas y sus colores.

—¿Le gustan? —me preguntó el cuidador del museo, un anciano cejijunto de bastón y cabellos blancos.

Asentí con la cabeza. El viejo sacó sus llaves y abrió una de las vitrinas:

—Llévese lo que quiera.

—No puedo, es propiedad del museo.

—Soy feo, pobre, no tengo ninguna esperanza, pero quiero hacer feliz a alguien antes de morir. Habré robado por una bellísima mujer.

Y entre sollozos me contó su vida: nunca se había casado, llevaba cuarenta años cuidando ese museo, cuarenta años en que no le había pasado nada bueno ni malo. Al verme tuvo la revelación de que todo ese tiempo había estado esperándome.

—Éste es el tesoro que guardé para ti. Llévatelo.

No podía defraudarlo. Me llevé todas las conchas de nácar que me cupieron en las manos y un caracol verde que todavía conservo. Leonora Carrington lo pintó en un cuadro que me hizo y que yo no podía creer que fuera de verdad.

En el cine español de la posguerra había gentes muy talentosas: José Luis Sanz de Heredia, Fernando Rey, Manolo Goyanes, Miguel Mihura. Si los resultados en pantalla no siempre estaban a la altura de otros países era porque la industria española todavía no se desarrollaba. En materia de avances técnicos México había progresado más rápido. Pero a pesar de tener todo en contra, mis películas tuvieron dignidad y estilo. Después de *Mare Nostrum* hice *Una mujer cualquiera*, sobre un guión de Miguel Mihura. Mi papel era muy interesante: una prostituta acusada de asesinato que se enamora de su delator. Por desgracia me pusieron de galán a un pésimo actor portugués, Antonio Vilar, que no sabía una palabra de español y tuvo que ser doblado al cuarto para las doce.

En España viví cerca de tres años. Primero en el hotel Ritz, luego en el Palace, que fue como mi casa. A México venía por temporadas cortas, entre película y película. En contraste con el afecto de los españoles, encontraba una actitud morbosa y hostil hacia mí. Llegué a mediados de 1949, para arreglar asuntos de negocios, y poco después la prensa me involucró en un escándalo de nota roja. Yo tenía una secretaria, Rebeca Uribe, a la que contraté por su cultura y su eficacia, ignorando por completo cómo era su vida privada. Escribía poemas, andaba siempre callada, y para disimular un poco su fealdad se recogía el pelo en un chongo adornado con lazos multicolores. Agustín y yo le decíamos la *Fijada* porque a veces se quedaba con la mirada perdida sin hacerle caso a nadie, pero nunca se nos ocurrió que esas distracciones fueran efecto de la droga.

Una mañana de agosto, el cadáver de Rebeca fue hallado en el motel Tony's Courts. La encontraron desnuda sobre la cama; con una jeringa sobre el buró. Según los testigos había llegado ahí la noche anterior con una amiga muy alta que llevaba un abrigo de pieles. A las siete de la mañana la amiga salió en su coche y dejó a Rebeca agonizando en el cuarto. La autopsia reveló que había muerto por una sobredosis de cocaína. En su bolso encontraron una foto mía y ese dato bastó para que los periódicos me acusaran de ser la misteriosa amiga que salió del motel. Pronto se descubrió que la acompañante era una señorita de apellido Mendoza, hija de un general, pero en el ínterin la prensa me cargó el muertito. No es verdad que haya salido del país para escapar de la maledicencia, como se dijo entonces, pero sí me dio coraje tanta calumnia porque Quique había venido a pasar unas vacaciones conmigo y, al oír en el radio que su mamá había matado a Rebeca, a quien él conocía tanto, se asustó. Yo no sabía que mi secretaria era lesbiana ni mucho menos adicta a las drogas, pero al ver a toda esa jauría haciendo leña del árbol caído la defendí en los periódicos. Declaré a *Excélsior* que lamentaba profundamente su muerte y que para mí no sólo había sido una secretaria de primera, sino una amiga con gran calidad humana.

Paradójicamente, mientras más me atacaba la chusma de los periódicos, más aumentaba mi celebridad. Por esas fechas conocí a Salvador Novo, al músico Carlos Chávez, y Diego

Rivera pintó mi retrato al óleo. Me llovían invitaciones para asistir a reuniones de sociales, invitaciones que yo declinaba por el fastidio de estar siempre en el centro de las miradas. Empecé a pensar en Europa como un refugio donde podía vivir sin presión, y volví a España con el deseo de no regresar a México en mucho tiempo.

De camino a Madrid hice una escala en La Habana, donde llegué invitada por el presidente Prío Socarrás. El pueblo cubano me dio una bienvenida tumultuosa. Casi me desnudan al bajar del avión en el aeropuerto de Rancho Boyeros: unos me querían besar la mano, otros me arrancaban jirones de vestido. Quedé tan asustada que esa noche no pude salir a agradecer la ovación del público en la ópera de Bellas Artes. Me quedé escondida en el palco, entre Cesáreo González y Diego Rivera, que viajó desde México a encontrarse conmigo y tuve que repartir empujones para espantarme a la gente.

Al día siguiente hubo una fiesta popular en la que el presidente me entregó las llaves de la ciudad y me dio la medalla de ciudadana de honor. En las afueras del teatro García Lorca levantaron un templete con escaleras para que saludara desde arriba al pueblo: la marea humana se extendía hasta el malecón. Volví al hotel escoltada por un pelotón de motociclistas. En la noche me iban a dar una cena de honor en Palacio Nacional. En el tocador de mi cuarto encontré un cerro de cartas de mis admiradores cubanos. Mientras me peinaba para la cena tomé una carta al azar por distraerme y cayó al suelo una medalla de la Virgen de la Caridad del Cobre. Por el interés de la medalla leí la carta. La primera línea decía: "Confío en que la Virgen me hará el milagro de que usted lea esta carta…"

No era de un *fan*, era de un preso condenado a muerte por haber matado al violador de su hermana. Estaba recluido en la isla de Pinos y me pedía interceder con Prío Socarrás para salvarle la vida. Esa noche, en la recepción de palacio, el presidente me dijo:

—Le hemos dado todos los premios que se otorgan a los huéspedes distinguidos, pero yo quiero hacerle un regalo personal. Dígame qué desea: ¿una casa, un coche, una joya?

—Nada de eso, señor presidente, quiero que me regale un hombre.

—¿Un hombre?

—Sí, un condenado a muerte —y le pedí el indulto para el preso de la medalla.

Entonces Prío llamó a un coronel de su guardia, le dio la carta que yo traía, y delante de mí le ordenó que se anulara la sentencia de muerte.

De vuelta en España hice *La noche del sábado* y enseguida viajé a Tetuán para filmar *La corona negra*, una película que ahora es objeto de culto en Francia y en Inglaterra. El argumento era de Jean Cocteau, la dirigió el argentino Luis Savlasky, producía Cesáreo y alternaban conmigo Vittorio Gassmann y Rossano Brazzi, o sea que se juntó una especie de Legión Extranjera. En el zoco de Tetuán viví una aventura tan extravagante como la película. Un día no pudimos filmar porque el cielo estaba nublado y como teníamos la tarde libre me fui a recorrer el mercado con Cecilio Madanes, el asistente del director. Yo iba descalza y con el pelo en batalla, como salía en la película, y resultaba muy provocativa entre las moras de rostro cubierto. En el zoco nos paramos a ver una formidable puerta labrada. La talla en madera siempre me ha gustado y pensé que detrás de una puerta como ésa debía de haber un palacio escondido. De pronto, como una cosa de magia, se abre la puerta para dejar pasar a un criado que llevaba no sé qué a la casa y sale un moro con todas sus chivas y sus tiliches de mercader.

Me vio fijamente a los ojos y nos invitó a pasar. Crucé una mirada con Cecilio: "¿Entramos?" "Pues bueno, vamos a ver qué hay adentro". Pasamos a un patio donde unas bailarinas ejecutaban la danza del vientre. Era una fiesta con varios salones: en el de los hombres había como treinta moros sentados en sus cojines, fumando hashish alrededor de una fuente. El tipo que nos abrió me regaló dos chales magníficos de seda, uno rojo y otro blanco (el blanco lo llevé en muchas películas y el rojo se lo regalé a Françoise Arnoul, mi compañera de *French-Cancan*, antes de que se peleara conmigo). Estaba encantada con el obsequio y no sabía cómo dar las gracias. Entonces el tipo me dijo:

—Venga, la invito al departamento de mujeres, pero su amigo se queda aquí.

Eso de irme sin Cecilio al cuarto de las damas ya no me gustó tanto. Le hice una señal de alarma enarcando las cejas y nos salimos volados. Me quedé con la curiosidad de saber qué se hacía en el departamento de mujeres. Posiblemente no me hubiera pasado nada, pero qué sabía yo: a lo mejor el moro creía que los chales eran el pago por acostarse conmigo.

A mitad de la filmación se presentó un contratiempo. Necesitábamos un pueblo donde no hubiera cables de luz ni otras señales de progreso y en los alrededores de Tetuán ninguno servía. Luis Savlasky mandó a un grupo de personas a explorar el interior de Marruecos y por fin dieron con un pueblo donde no había llegado la luz. Se llamaba Xauen y estaba en el cráter de un volcán apagado. Era ideal para la película, pero el jeque no quería dejarnos filmar por miedo a que nuestras costumbres occidentales pervirtieran a la población. Savlasky me pidió entonces que fuera a pestañearle al jeque, a ver si conmigo era más tratable. Lo ablandé con un par de sonrisas y nos dio el permiso para estar ocho días en Xauen, a condición de que le aceptáramos una invitación a comer. Fuimos todos los del equipo, y antes de que el jeque saliera a recibirnos un emisario suyo nos advirtió:

—Les van a dar una comida exquisita, elaborada con carne de niños que fueron sacrificados a Alá por haber nacido de un concubinato.

Hicimos gestos de repulsión y algunos quisieron huir, pero el emisario los paró en seco:

—Es una grosería rechazar la comida del jeque. Si alguno de ustedes se levanta no habrá filmación.

De modo que por miedo al jeque y por amor al cine tuvimos que comer carne humana. El emisario estaba en lo cierto: era un manjar delicioso, y nadie se indigestó.

Al terminar *La corona negra* rechacé ofertas para trabajar en todas partes del mundo, incluso en Hollywood, porque tenía un compromiso con Cesáreo y él quería que filmara en Italia, así que me lancé a la aventura de trabajar en un idioma desconocido. Me animaba la ambición de subir escalones difíciles. En Italia ya era conocida por mis películas y la gente del medio me trató desde el principio con mucho cariño. Llegué al mejor hotel de Roma, el Hassler, y después tuve la suerte de vivir en la casa que había sido sede de la embajada mexicana. Me la dejaron con todo y la servidumbre, por lo que llevé un tren de vida muy costoso, pero todos mis gastos corrían por cuenta del productor.

Estuve una temporada en Siena, donde me hice amiga del príncipe Clemente Aldo Brandini, que tenía familiares en la aristocracia negra del Vaticano (nombre que se le da en Italia a las familias que tuvieron ancestros Papas). Por darle un gusto a mi madre le pedí a Clemente que me llevara con el Papa Pío XII a recibir su bendición. Clemente no podía negarme nada y me llevó a la residencia papal de Castelgandolfo. No sólo recibí la bendición de Pío XII, sino que hablé con él en español, idioma que dominaba como si fuera su lengua materna.

Entre mis ayudantes había una mujer muy pintoresca, encargada de ponerme las pestañas postizas, a la que mi hijo y yo bautizamos con el nombre de un pequeño carro italiano, *Topolino*, porque un día se nos perdió en Roma y después de mucho buscarla fuimos a encontrarla detrás de un cochecito de esa marca, que no medía de alto más de metro y medio. La conocí en México y me la llevé a todos mis viajes durante diez años, pagándole un sueldazo de cinco mil pesos mensuales, porque en esa época las pestañas postizas eran una rareza. Topolino las hacía con pelo de cerdo nonato y me las pegaba una por una con una técnica que sólo ella conocía. Llegó a ser indispensable para mí, porque mis admiradores ya estaban acostumbrados a verme con las pestañas largas y no podía salirles de pronto con el ojo pelón.

A pesar de que no era una belleza, Topolino tenía una suerte bárbara con los hombres. En España se pasó por las armas a todos los jugadores del Real Madrid. Puskas y Distéfano estaban locos por ella, quién sabe qué les haría. Como siempre estaba ligando, se distraía mucho y por su culpa estuve a punto de perder al "niño". Resulta que al salir de Tánger, cuando terminé *La corona negra*, Topolino lo dejó olvidado en el baño del aeropuerto. Me di cuenta cuando ya íbamos en el avión, sobrevolando el estrecho de Gibraltar, y tuve que suplicarle al piloto que regresara. Llamó por radio a las autoridades del aeropuerto, que cerraron el baño con llave, y afortunadamente cuando volvimos a tierra mi criatura estaba ahí, sana y salva.

Topolino quería vestirse como yo, ser como yo y hablar idiomas como yo, pero la cabeza no le daba para tanto. Me divertían sus esfuerzos por cultivarse. Una vez nos preguntó a Enrique y a mí por qué el mar Caspio se llamaba así. Le respondimos muy serios que en el año 1024, antes de Cristo, Dios había castigado a los hombres por sus pecados enviando a la tierra bolas de fuego que cayeron al mar. Los peces se habían chamuscado y salieron a la superficie las cenizas de sus escamas. Aquello parecía un mar de caspa y de ahí se le quedó el nombre. Topolino escuchaba todo muy atenta y luego escribía nuestros disparates en su diario de viajes, que Enrique sacaba a escondidas de su recámara. Nos moríamos de risa leyéndolo. Cuando visitamos la torre de Pisa, Topolino escuchó al guía que explicaba que estaba construida con mármol de Carrara. Esa noche escribió en su diario: "La torre está inclinada porque la construyeron a la carrera".

La primera película que filmé en Italia fue *Hechizo trágico*. Tuve que aprenderme los diálogos fonéticamente mientras el ayudante del director me los traducía al español. Enseguida, ya con más dominio del italiano, me contrataron para hacer *Mesalina*, con el veterano director Carmine Gallone, un viejito simpático, dicharachero y un poco cínico. En ese momento la censura cinematográfica era muy estricta, sobre todo la de Franco, y como Cesáreo quería llevar la película a España no pudo ser tan audaz como el tema lo requería. Todos tenían la precaución de no llegar demasiado lejos, de que yo no enseñara mucho, como si Mesalina hubiera sido una colegiala virgen. Pero ni modo, así es el cine. En su tiempo, *Mesalina* fue la película más cara del cine italiano. Se reconstruyó la Roma de los Césares en los estudios de Cineccittá, gastaron millones de liras en el vestuario y había escenas en que aparecía rodeada por cientos de extras.

Durante la filmación recibí un telegrama que me paró la vida: mi padre acababa de morir en Navojoa, víctima de un infarto. No pude estar en su entierro porque la filmación hubiera tenido que suspenderse. Fue un golpe directo al corazón porque a pesar de todo yo lo quería y no le guardaba rencor por el asunto del pergamino. Tuve que sobreponerme a la tristeza para trabajar en esas condiciones cuando hubiera querido encerrarme a llorar. Después me enteré de que mis hermanos, con el pretexto de no dejar a Chefa viviendo sola, vendieron de inmediato la casa de Navojoa, cosa que me pareció muy fea. Hubiera preferido que ella se quedara en sus dominios y no dependiera de nadie, pero estando tan lejos no pude intervenir en nada. El *show* tenía que seguir…

Jorge era un hombre ingenuo, tierno y de gustos sencillos

Capítulo VIII

LA BODA DEL SIGLO

Por cumplir mis compromisos en Europa había postergado largamente un proyecto para filmar una película en Argentina, donde me di a conocer desde *Doña Bárbara*. En 1952 al fin tuve un respiro y firmé contrato con los "ches" para hacer *La pasión desnuda*. Salí de Génova en el trasatlántico de Giulio César, uno de los más lujosos de la época. A bordo llevaba mi Cadillac y mi perro afgano. Durante la travesía, que duró dos semanas, el cocinero del barco me agasajaba todos los días con un platillo especial. Se llamaba Felice y estaba enamorado de mí. Por su culpa llegué a Buenos Aires con unos kilitos de más. El barco hizo una escala en Río de Janeiro, recién empezado el carnaval. Yo iba directamente a Buenos Aires, pero un amigo italiano que encontré a bordo —Francesco Aldo Brandini, el hijo de Clemente— me animó a bajar en Río. En aquel momento Río me pareció una ciudad muy fuerte, una ciudad en ebullición. Embriagada con la música, con el baile, con la atmósfera de sensualidad que se respiraba por todas partes y con la compañía de Francesco, me perdí varios días en el torbellino del carnaval, olvidándome de mis maletas, de mi perro, de la maquillista y hasta del productor argentino que me había acompañado en el barco y siguió camino a Buenos Aires. Fueron días maravillosos, eufóricos, en que me consagré por entero a la diversión. Después tomé un avión a Buenos Aires, dispuesta a ponerme seria y a trabajar. Entonces me ocurrió una aventura que parece una pesadilla inventada o un cuento de horror: estuve a punto de irme al cielo sin haber muerto.

En el viaje a Buenos Aires me tocó ir sentada junto a la puerta del avión, del lado de la ventanilla. Después de no dormir en no sé cuántos días estaba yo que no podía ni con mi alma y sentí un alivio extraordinario al bajar la cortina y recogerme en mí misma para descansar un poco antes de llegar a la ciudad que me esperaba con los brazos abiertos. Apenas había cerrado los ojos cuando me despertó un golpe brutal en la espalda, tan fuerte que por unos instantes me privó del conocimiento. No supe qué había pasado, pero al volver en mí sentí un fuerte dolor en la espalda. Creí que el avión se había estrellado contra una montaña, pero entonces vi que se había abierto la puerta. Junto a mí, del lado del pasillo, iba un señor que no traía puesto el cinturón de seguridad. De pronto el aire lo succionó, lo chupó, se lo llevó como si el tipo tuviera cita con el firmamento. La puerta se cerró y me quedé hecha polvo, muda de espanto.

Como íbamos en el asiento de hasta adelante muy pocos pasajeros notaron lo que pasó y la tripulación trató de minimizar el percance para que no cundiera el pánico. Al recuperar el habla pregunté a la azafata qué había pasado y no me pudo dar una explicación: ella también estaba muerta de miedo y sólo atinó a darme un café con azúcar para que me volvieran los colores. Nunca supe por qué se abrió la puerta ni quién tuvo la culpa del accidente, pero desde entonces me persigno cada vez que subo a un avión.

Otra experiencia horrible en un vuelo la tuve en un viaje posterior de Panamá a Buenos Aires. El avión volaba en medio de una tormenta, el cielo estaba negro, subíamos y bajábamos entre sacudidas y turbulencias. Llegó un momento en que no pude más de los nervios y pregunté a la azafata: "¿Qué hacemos?" Nunca olvidaré su respuesta: "Rezar, señora".

No he hecho otra cosa en mi vida que viajar en aviones y, sin embargo, cada vez que voy a tomar uno, parece que acabo de salir de San Juan de las Conchas. Para mí, volar siempre es una impresión y he tenido que ser muy fuerte para dominar el miedo. Gracias a Dios, la aeronáutica ha progresado una barbaridad y ahora es imposible que se abra una puerta en pleno vuelo como en aquel bimotor que me llevó a Buenos Aires. El Concorde, por ejemplo, es una maravilla de comodidad. No se siente nada, ni en las tormentas. Desgraciadamente ya no viene a México, pero yo lo tomo a cada rato de Nueva York a París o de París a Nueva York y voy en el asiento acurrucada como pajarito frito. Ahora lo que me impresiona es la velocidad de los trenes. Cuando fui a Japón me dejó hecha polvo el tren bala que va del aeropuerto a Tokio. Es fabuloso que ahora podamos volar en tierra, pero a la próxima me voy a Tokio en un taxi.

En Buenos Aires me recibieron como en Madrid: con una manifestación de júbilo popular. La única nota de impertinencia la puso un periodista que me preguntó si yo era lesbiana. "Lo sería —le dije— si todos los hombres del mundo fueran como usted." Cuando llegué al hotel Plaza encontré en mi recámara un enorme ramo de orquídeas que me había enviado Evita Perón. Ella era mi admiradora número uno en Argentina, quizá porque veía en mí la imagen de lo que pudo haber sido si hubiera continuado su carrera de actriz. La llamé por teléfono para agradecerle las flores y el recibimiento inmenso que me dieron. Ella estaba en una junta del gabinete, pero la interrumpió para tomar la llamada y a partir de entonces nos hicimos amigas.

Además de ser una política extraordinaria, Eva era una mujer de corazón generoso. Los pobres iban a la residencia presidencial a pedirle ayuda y Evita los atendía personalmente, regalándoles pan y ropa, con su eterna sonrisa. Nunca dejaba de sonreír. Sus enemigos decían que era una pose premeditada para conquistar el afecto de los descamisados. Falso: el corte de su cara y la forma de su mandíbula se prestaban para dibujarle una sonrisa natural y espontánea. A Eva le gustaba mucho la música clásica. Era una gran aficionada a Chopin y una gran conocedora de los maestros clásicos españoles. En la casa de San Vicente era donde más discos guardaba. No tenía tiempo de asistir a conciertos y menos al teatro, su gran pasión, pero veía muchas películas mexicanas en su sala de proyección.

Vivía rodeada de lujos porque eso era lo que la gente esperaba de ella, pero en su testamento donó todas sus joyas a un fondo de vivienda para los pobres. La conocí cuando su enfermedad empezaba a manifestarse y a petición suya me quedé unos meses en Buenos Aires cuando terminó el rodaje de *La pasión desnuda*, que tuvo un final trágico: en una gran cena de gala que me dio el equipo de filmación, murió de un infarto fulminante la esposa del productor.

A Eva también la rondaba la muerte. Había adelgazado mucho, tenía la piel tirante y se le marcaban los pómulos. Murió muy joven, como a los treinta y dos años, pero hasta el último suspiro conservó su energía y su presencia de ánimo. Cuando estábamos a solas, Eva me hacía confidencias. Por ejemplo, que el marido no servía para nada en la presidencia ni delante del público, pero ella le tenía que dar un lugar extraordinario para que la gente creyera que él manejaba el Estado. No lo quería, eran una pareja separada en la intimidad, pero se mostraban como un matrimonio ejemplar por conveniencia mutua.

Eva tenía un hermano, Juan Duarte, al que la prensa acusaba de juerguista y corrupto. Era una especie de *play boy* mujeriego y bohemio al que yo vi un par de veces en la clínica donde internaron a Eva. Una vez nos vieron salir juntos, nos tomaron una foto y de inmediato corrió el rumor de que habíamos empezado un idilio. Pero con Juan no hubo nada. Con quien sí tuve un romance muy serio fue con el actor Carlos Thompson, mi compañero en *La pasión desnuda*.

Era un muchacho muy guapo, educado, inteligente y con ambiciones intelectuales. Quería ser escritor y dirigir sus propias películas. Bailaba con mucho estilo el tango *Compadrito*, que es una especie de coito con ropa. Él me presentó a los grandes tanguistas de entonces: Tanya, Malerba, Hugo del Carril (a Discépolo ya lo conocía porque cenó una noche en mi casa cuando estaba casada con Agustín). Hice buenas migas con la familia de Carlos, una familia aristocrática de mucho dinero, y poco a poco me fui encariñando con él. En un momento dado me propuso matrimonio y acepté sin reflexionarlo mucho. Carlos me atraía, me paseaba, me trataba como reina, me enseñó a bailar tango, en fin, me envolvió con su encanto en una red que llegué a confundir con el amor. Yo he sido una enamorada de la vida y para mí pasarla bien es un enamoramiento. Pero el matrimonio con él no me convenía.

Lo descubrí cuando ya estaba todo listo para la boda. Íbamos a casarnos en Montevideo porque los trámites en Uruguay eran menos complicados que en Buenos Aires.

Mandé traer a mi hijo desde Toronto sin decirle nada, porque deseaba darle una sorpresa llevándolo como testigo de la ceremonia. La boda se anunció con grandes titulares en todos los diarios de Argentina, la noticia llegó adulterada a México, y algunos periodistas escribieron detalladas reseñas de la boda cuando faltaban semanas para celebrarla.

De todas las provincias de Argentina me enviaron felicitaciones y regalos: llegué a contar noventa mantas de vicuña; las rastras y los guanacos llenaban una habitación en casa de los papás de Carlos.

La boda estaba programada para un domingo y el jueves anterior decidí suspenderla. A pesar de ser un magnífico amante, Carlos era serio, conservador, aburrido, y yo estaba en la época más animada de mi vida. De pronto me desilusioné, tuve la corazonada de que ese matrimonio sería un error. Ya estaba en Montevideo, los invitados iban a llegar de un momento a otro y sin embargo me arrepentí en la raya. Simplemente apreté mis marfiles y dije: no, esto no tiene futuro. Pensé que no me convenía dar ese paso y le dije a mi prometido:

—Oye, che, lo he pensado mejor y creo que vamos a ser infelices con este matrimonio. Déjame pensarlo mejor, necesito viajar a México.

—¿Pero qué excusa le vamos a dar a los periodistas? —me respondió, temblando de furia.

—No sé, diles que te rompiste un brazo.

Carlos subió las escaleras de su casa, fue por un martillo y se oyó un grito desgarrador. Al poco tiempo bajó con el brazo en un cabestrillo.

—Me lo rompí de verdad, para que no me tachen de mentiroso.

Realmente la prensa no le importaba, fue su manera de reprocharme que lo tratara como un pelele.

Supongo que mi partida fue un golpe demoledor para Carlos, pero tengo un egoísmo tan arraigado que ni siquiera me detuve a pensar en su frustración. Conmigo las cosas pasan de un modo muy extravagante; yo nunca he sido como el personaje de *Enamorada*, que lo dejaba todo para irse con su amo y señor. De repente Carlos se me presentó como un obstáculo, pensé que si me casaba con él no podría gobernar mi vida, y eso para mí siempre ha sido más importante que la marcha nupcial.

Thompson siguió haciendo su lucha: hablaba por teléfono a México tres veces por semana y me escribía tiernas cartas de amor en las que me pedía recapacitar. Yo le daba esperanzas por miedo a que hiciera otras locuras como la del brazo, pero ya no quería saber más de él.

En México lo olvidé rápidamente porque desde mi llegada me sorprendió con sus atenciones un hombre al que yo creía mi enemigo: Jorge Negrete. Ya he contado nuestra guerra en *El peñón de las ánimas*, cuando me quiso aplastar con su prepotencia y salió trasquilado. Pero mi antipatía hacia él venía de tiempo atrás, de cuando yo era una chamaca en Guadalajara. Conocí a Negrete por casualidad cuando estaba recién casada. Un día vino a verme una prima hermana y me dijo: "Fíjate que están haciendo una película en el parque Revolución. ¿No quieres ir a ver?" La seguí por curiosidad y nos paramos a ver la filmación en primera fila. Jorge estaba haciendo una película, *Caminos de ayer*, con la actriz Carmen Hermosillo (recuerdo el título porque lo leí en la pizarra). Tenía que besar a la muchacha en una banca del jardín y cantarle una canción al oído. Cuando terminó la escena se me quedó viendo y vino hacia mí:

—Oiga, ¿a usted no le gustaría hacer películas?

—No me dirija la palabra, que soy casada.

—No le hace, no soy celoso.

—Yo no quiero trabajar en el cine y menos si hay tipos tan majaderos como usted.

Ahí quedó la cosa y no lo volví a ver hasta mi debut en el cine, donde terminé odiándolo. Pero cuando volví de Argentina me dio una grata sorpresa. Al pie del avión, donde había diez mil personas para recibirme después de cuatro años de ausencia, llegó a darme un ramo de rosas el actor Crox Alvarado, que entonces era colaborador de Negrete en la ANDA.

—Vengo de parte de Jorge —me dijo—, que no pudo venir a recibirte porque está trabajando en exteriores.

—Es natural que no haya venido —le contesté—. ¿Por qué tenía que venir? Me parece extrañísimo de su parte.

—Yo sólo vine a darte un recado. Dice Jorge que está muy feliz de que no te hayas casado con el argentino.

Después llegó muy guapo a un coctel de bienvenida que me dieron en el hotel Regis y a partir de ahí se me comenzó a meter la mosca detrás de la oreja. Fue como si nos volviéramos a conocer. Entusiasmado, Jorge empezó a llevarme serenatas, regalos, bombones, todo eso que halaga y seduce.

Me divertía mucho tener cerca de mí, rendido de amor, al enemigo que me había fastidiado tanto diez años atrás, y como tengo alma de mariachi (algún ancestro mío seguro tocó la tambora o el tololoche), disfrutaba mi venganza pidiéndole canciones hasta en la tina. Mientras yo me bañaba él cantaba *Ella* y a cada lugar donde íbamos él llamaba un mariachi para complacerme con la pieza que yo quisiera. Me confesó que se había enamorado de mí desde *El peñón de las ánimas*, pero como yo era tan engreída se portó mula a propósito.

Jorge era un hombre ingenuo, tierno y de gustos sencillos. No le gustaba discutir, con él todo iba bien mientras la conversación se mantuviera en un tono suave. Jugaba todo el tiempo como niño crecido, pero en la intimidad era un adulto perfecto, aunque no tan *sexy* como Agustín. Jorge no seducía con la voz; para él era indispensable guardar silencio. Con él aprendí que no se debe contar nada en la alcoba porque en ese momento de inspiración y confianza las palabras están de sobra y cualquier indiscreción puede ser usada más tarde contra el amante que se le fue la lengua.

Mientras duró nuestro noviazgo viví en el hotel Regis, porque había vendido la casa de Aristóteles y todavía no estaba arreglada mi nueva residencia de Tlalpan, que estrené precisamente el día de la boda con Jorge. Aquella casa, que se conoció como la finca de Catipoato, fue un lujo que me costó varios años de trabajo y esfuerzo. Le había echado el ojo desde 1948, y cuando me separé de Agustín hice una gira por Centro y Sudamérica, en condiciones muy pesadas, hasta reunir lo suficiente para comprarla. Tenía catorce mil quinientos metros de jardín, con seiscientos árboles frutales. Llegué a reunir ochenta serpientes de cascabel que Diego Rivera me mandaba de Oaxaca y catorce perros bastardos que recogí en la calle. La casa había sido un convento. Se la compré a un inglés de muy buen gusto y la fui decorando poco a poco al estilo colonial, con muebles mexicanos del siglo XVII y bancas de convento que me vendió clandestinamente un cura corrupto de Puebla. En el cuidado del jardín trabajaban dieciocho jardineros todos los días, pero no me importaba gastar un dineral en su mantenimiento con tal de hacer feliz a mi hijo, que al llegar de la escuela montaba en su potrillo por el jardín y corría de un lado a otro abrazando los árboles.

La noticia de mi boda con Jorge rápidamente llegó a Argentina y Carlos Thompson me pidió por telegrama una explicación. Poco antes de salir a la ceremonia le hablé desde el hotel Regis y procurando ser lo menos hiriente posible le dije que la noticia era cierta. Guardó un profundo silencio y con la voz quebrada me deseó suerte. Más tarde hizo carrera en Hollywood y se casó con la actriz alemana Lily Palmer. Hace poco supe que se había suicidado y no me extrañó: era muy temperamental y quizá no pudo soportar la vejez con su cortejo de enfermedades, dolores, nostalgias. Para mí siempre fue joven y bello, como lo vi por última vez.

Todas mis bodas han sido en privado, con poca gente, pero en la boda con Jorge tiramos la casa por la ventana. Hubo más de cuatrocientos invitados, ochenta fotógrafos y sesenta periodistas, incluyendo a los que transmitieron la boda por radio a toda Latinoamérica. Mucha gente se quedó afuera y algunos aventurados treparon a la barda del jardín para ver la fiesta con binoculares. Del hotel Regis salí escoltada por una muchedumbre que me siguió en autos y camionetas hasta la casa de Tlalpan, adonde llegué con mi mamá y Quique. Jorge entró del brazo de su madre y de su hija Diana. Llevaba un traje de charro de gamuza marrón, con botonaduras de plata, y un sarape al hombro. Yo traía un vestido de Valdés Peza muy parecido al que saqué en *Enamorada*, con sandalias y trenzas, y en el brazo derecho un rosario de perlas. Además me colgué unos pendientes de filigrana de oro y un medallón antiguo.

No sólo nuestra vestimenta fue mexicana; también la comida. Hubo enchiladas, mole, quesadillas, tacos de huitlacoche y hasta curados de pulque para los gaznates aventureros. En la terraza instalamos una mesa de cien cubiertos para los familiares y los amigos cercanos, entre ellos Diego Rivera,

Frida Kahlo, Salvador Novo, Pepe Alvarado, Gregorio Wallerstein, Renato Leduc y muchos políticos importantes. Ahí partimos el gigantesco pastel decorado con perlas y Jorge me dio su regalo de bodas: un espléndido collar de esmeraldas que más adelante provocaría un escándalo.

Al terminar la comida los invitados obligaron a Jorge a cantar. Primero interpretó unas piezas de amor dedicadas a mí, pero al final, como si adivinara el futuro, se lanzó con aquello de "México lindo y querido, si muero lejos de ti…" Fue un presagio de su muerte. Probablemente sabía que le quedaba poco tiempo de vida y quiso pasarse conmigo un año de lujo, pero su enfermedad y el trabajo de los dos acortó más aún las horas de felicidad que pasamos juntos.

Hicimos en pareja dos películas más: *Reportaje* y *El rapto*. En *Reportaje* salíamos en una actuación especial haciendo bromas sobre los dolores de hígado que ya empezaban a doblar a Jorge (más tarde su hepatitis degeneró en cirrosis, pero fue una cirrosis viral: Jorge no bebía una copa). Conmigo no tuvo tiempo de ser fabuloso, ni malvado ni espléndido. Se fue cuando lo empezaba a conocer. Algo tuvo que ver con su enfermedad la situación de la ANDA, fuente de preocupaciones que no le permitía descansar. Era un hombre bueno, muy humano y solidario con su gremio, aunque tal vez le faltaban luces. La inteligencia no era su fuerte, se dejaba guiar por las emociones, más que por el cerebro.

Cuando recibí la oferta para filmar en Francia *La bella Otero* ya se veía muy mal. Yo quería quedarme a cuidarlo pero él se empeñó en que no perdiera esa oportunidad. En plena filmación me avisaron que había tenido una recaída mientras cantaba en el Million Dollar de Los Ángeles. El médico personal de Jorge —el doctor Kaim— me habló desde el hospital Cedros del Líbano para darme la noticia de que se estaba muriendo. Lo que siguió fue muy rápido: tomar el avión de París a Nueva York, de Nueva York una conexión a La Guardia, de ahí otro avión a Los Ángeles y del aeropuerto al hospital a ver a Jorge. Estaba muy amolado. Lo encontré en estado de coma el 5 de diciembre de 1953.

—Negro —le dije—, aquí estoy y estaré siempre contigo.

Abrió sus pobres ojos amarillentos y se me quedó mirando con una expresión de gratitud. No me dijo nada. Ya no podía hablar.

Murió al día siguiente, en domingo. Su madre, sus hermanos y yo lo vimos dar el último suspiro. Por órdenes del presidente Ruiz Cortines trasladaron el cuerpo a México en un avión de la American Air Lines. Para el viaje me puse lo primero que encontré en la maleta —unos pantalones de color azul marino—, y al verme bajar así del avión se armó un escándalo porque, según algunos periodistas, mis pantalones eran una falta de respeto al difunto. Al entierro de Jorge en el panteón Jardín fueron doscientas mil personas. Ese día no abrieron los cines ni los teatros en señal de duelo. En el cortejo fúnebre iban los actores más importantes de México, encabezados por Pedro Infante, que nos abría paso en su moto.

Cuando salimos al panteón Jardín, Cantinflas subió conmigo y con la madre de Jorge en la limusina. Le pedí que se bajara, porque había sido el peor enemigo de Jorge en la ANDA, una de las personas que más contribuyeron a destrozarle el hígado, y me pareció muy cínica su comedia de amigo consternado. Pero él sólo se cambió al asiento delantero, para que los fotógrafos vieran mejor sus lágrimas de cocodrilo. Yo estaba deshecha, no tanto por el amor que le había tenido a Jorge, sino por las pesadas circunstancias en que ocurrió su muerte. Lo peor de todo era tener que esquivar a los reporteros en ese estado. Hasta en la funeraria me pedían entrevistas y para quitármelos de encima tuve que ponerme a llorar junto al féretro.

El más hermoso recuerdo que Jorge me dejó fue su dedicatoria en el libreto de *El peñón de las ánimas*, para reparar su antigua ofensa. La escribió en secreto y vine a descubrirla por accidente, al abrir una cómoda. Es una muestra del único machismo que me gusta, el machismo suavizado con palabras de amor:

Diez años después:

Amor de mi vida: Siento un rencor enorme hacia mí por no haber tenido la inteligencia ni el suficiente corazón para encontrarte entonces, pues sé ahora y siempre que no había ni habrá felicidad para mí si me faltas tú.

Perdóname si puedes, estos diez años de estupidez, yo no me perdonaré nunca.

Te adora siempre tu
Jorge

Una semana después del entierro volví a París para continuar el rodaje de *La bella Otero*. En mi ausencia el hermano de Jorge, David Negrete, habló con mis abogados para reclamar el collar de esmeraldas, alegando que Jorge no lo había terminado de pagar y era injusto que sus herederos cargaran con esa deuda. Unos reporteros me hablaron del asunto en París y yo dije simplemente: "Lo dado, dado". Mi declaración irritó a las almas caritativas de la prensa que se habían esmerado siempre en atacarme y se inició una campaña de presión contra los jueces que iban a decidir el litigio por el collar.

No quise devolverlo porque lo consideraba mío y me pareció un atropello de la familia Negrete quererme arrebatar un regalo de bodas. ¿Qué culpa tenía yo de que Jorge no lo hubiera pagado?

A principios de 1954 el asunto se puso feo. Había estado en México unas semanas y me tenía que regresar a París. Fui al aeropuerto acompañada de Diego Rivera y de pronto me paran dos policías con una orden judicial que me impedía salir del país. Debía permanecer en México hasta que se arreglara el pleito por el collar. Ni por ésas lo entregué. Volví con él a mi casa, lo llevé puesto en muchas reuniones y más tarde, ya casada con Alex Berger, lo pagué de mi propio dinero. Ahora ya no existe, porque mandé engastar las esmeraldas en otras piezas.

Se hizo tanta alharaca por el dichoso collar que un vivales quiso llevar a la pantalla el chisme. Cuando regresé de una gira por Sudamérica mi hijo me advirtió: "Oye, mami, cuidado, están preparando una película que se llama *El collar de esmeraldas*". El productor iba a ser Guillermo Calderón y la actriz Ana Luisa Peluffo. Ya tenían el guión, la escenografía y el vestuario. Sólo faltaban los últimos toques para que dieran el pizarrazo.

Yo dije, bueno, ¿y por qué se van a meter con mi vida? Que se esperen a que desaparezca de este mundo para hacer lo que quieran, pero por lo pronto aquí vivita no me voy a dejar. Acudí a la Asociación Nacional de Actores, que en ese momento dirigía Rodolfo Echeverría, y les dije: "Yo me opongo a que se haga esta película". Entonces la ANDA organizó una junta de avenencia a la que asistieron los señores Calderón y la directiva de actores. El productor estaba negro de coraje.

—Pero usted ¿por qué se opone? —me reclamó—. Yo he tomado los datos de la historia de su vida pública. Son cosas que sabe toda la gente. Saqué toda la información de los periódicos y no le he preguntado a usted nada.

—Pues mire —le dije—, si usted pone en su película datos de mi vida pública, yo también tengo el derecho de hablar sobre la vida pública de su mujer, cuando fichaba en el bar Chicote de Madrid enfrente de todo el mundo.

Yo sabía lo de su mujer porque la vi ejercer el oficio cuando era la amiga de Manolete.

La película se vino abajo, porque al productor no le interesaba mi buena reputación, pero sí la de su querida esposa. Con un tipejo tan abusivo no me quedaba de otra. Puedo ser adorable con la gente que me trata bien, pero cuando me atacan tiro el mordisco a la yugular.

En French-Cancan *yo hacía el papel de guapa*

Capítulo IX

ENAMORADA EN PARÍS

Ya era conocida en París cuando visité la ciudad por primera vez. Llegué como un cohete, precedida por la fama de *Enamorada*, que había recibido los mayores elogios de la crítica. Trabajando en España supe del éxito que tenía la película en Francia y mi primer viaje fue para darme a conocer en persona, todavía sin proyectos de trabajo. El cine mexicano tenía entonces un magnífico representante en Europa, que había distribuido *Enamorada* con una gran promoción. Se llamaba William Karol. Era austriaco pero hablaba el español sin acento. Cuando llegué a París en tren, procedente de Madrid, había una multitud esperándome en la estación. Yo creí que recibimientos de ese tipo eran habituales en Francia. Después me di cuenta de que había sido algo insólito. Karol estuvo calentando al público meses antes de mi llegada y logró crear un ambiente de expectación. El día de mi recibimiento salió un titular a ocho columnas en *France Soir* con la frase: "*Enamorada* está en París".

Hasta entonces yo no había tenido agente ni en México ni en España, pero comprendí que en Francia necesitaba uno, porque allá era más complicado manejar los contactos de prensa y las relaciones. Entonces contraté al español Paulette Dorisse de la agencia Cimurá para que me representara, pues ya empezaba a recibir ofertas de productores franceses que de momento no podía aceptar por mis compromisos con Cesáreo González.

Mi primera escala en París fue corta. Sólo estuve un par de semanas en plan de turista, luego viajé a Londres y de ahí zarpe a Nueva York en el *Queen Elizabeth*. Esto fue por el año 1949 ó 1950. Después viví en Italia tres años, tuve mi *intermezzo* romántico en Buenos Aires y ya casada con Jorge Negrete regresé a París, ahora sí en plan de trabajo. Tuve que hacer un gran esfuerzo para actuar en francés. En *La bella Otero*, aunque suene feo decirlo, puse mis agallas sobre la mesa. ¡Hasta aprendí a tocar castañuelas! Verdaderamente, en esa película me la jugué, pues no entraba para nada dentro de mi línea. Estudiaba francés ocho horas diarias, poniéndome un lápiz bajo la lengua para pronunciar más o menos bien. También tuve que bailar y cantar como Dios me dio a entender. Fueron pesadísimas las horas de ensayo, de baile, de castañuelas, de francés, y el esfuerzo casi desesperado que tuve que hacer. Pero lo logré con mi famoso "puedo" a la mexicana.

Carolina Otero había sido una célebre *vedette* a principios de siglo y algunos hombres llegaron a suicidarse por ella. Cuando Salvador Novo supo que iba a interpretar a ese personaje, me envió a París un poema de José Juan Tablada en el que se describe su terrible poder de seducción:

¿Qué candor más diamantino que tu crimen y tu incuria?
Eres pantano y cisterna y oasis y desierto,
das la muerte sonriendo y el gran sol de tu lujuria
blanquea las osamentas de los que a tus pies han muerto.

Inconsciente como un ídolo, eres trágica y fatal,
y entre flores y cantando como Ofelia… vas al mal.

La bella Otero aún vivía cuando hice la película. Estando en el festival de Cannes tuve la suerte de que me invitaran a conocerla. Vivía muy pobremente en Niza después de haber dilapidado sus ahorros en el casino de la ciudad, que le pasaba una pensión por misericordia. El gran sol de lujuria se había convertido en una anciana triste y achacosa.

—Tu eres más bonita de lo que yo era —me dijo—, pero a tu edad ya se habían matado por mí dos banqueros y un conde.

Los círculos sociales de París son muy cerrados y exclusivos en comparación con los de Italia. En Francia los extranjeros pasan años haciendo méritos para entrar en las élites del dinero o de la inteligencia. Yo tuve la suerte de ser aceptada inmediatamente por la aristocracia del talento. Mi primer contacto fue Jean Cocteau, a quien había conocido en España cuando escribió el argumento de *La corona negra*. En Francia estrechamos nuestra amistad. Tengo un dibujo suyo con dedicatoria, hecho de puntitos y triángulos retorcidos. Una vez me dijo: "Tú no eres María Félix, eres una loca que se cree María Félix". Me pareció muy ingenioso. Pero luego me contaron que días antes había dicho lo mismo de Victor Hugo. Cocteau vivía plagiándose a sí mismo pero eso es mejor que plagiar a otros. Con él aprendí quién era quién en París.

Me presentó a Colette, que ya estaba grande pero tenía las ideas muy frescas. Era una viejita encantadora. Hablaba en voz muy baja, como si acariciara las palabras. Su personalidad me parecía embrujadora. A ella y a Cocteau les fascinaban las canciones mexicanas. Yo les regalé algunos discos y ellos me obsequiaron otros de antiguas baladas francesas. Los oíamos juntos en casa de Colette, que organizaba maravillosas tertulias. Ahí llegaba con frecuencia el poeta Charles Blois, que me admiraba mucho pero vivía huyéndome, tal vez por miedo a enamorarse. También formaba parte del grupo el dramaturgo Sacha Guitry. Siempre que me veía venir gritaba "là voilá", y agitaba sus manos adornadas con anillos de esmeraldas. Sacha era todo un espíritu. Su mordacidad y su sarcasmo eran temibles, pero conmigo siempre fue un caballero perfecto.

Lo primero que hice al llegar a París fue juntar mis brillantes en un pañuelo y presentarme en Cartier. Pedí hablar con el gerente y puse el paquete en el mostrador:

—Cámbieme todo esto por una joya distinta, diferente, que nadie tenga.

El hombre se quedó asombrado por lo que yo traía en el pañuelo —una fortuna en alhajas— y mandó que me diseñaran una joya excepcional: una serpiente de brillantes, con ojos de esmeralda, que puede enrollarse en la muñeca o servir de collar. También como adorno sobre una mesa.

El día que fui a recogerla conocí al rey Faruk de Egipto, que había encargado un brazalete para una de sus muchas amantes y estaba en la oficina del gerente, bebiendo champaña. Le gusté desde que cruzamos la primera mirada. Me hizo conversación y quedamos de cenar a la semana siguiente en Maxim's. Llegué al restaurante con la serpiente y me dijo muy serio:

—¿No cree, María, que una mujer puede ser feliz sin estar cubierta de joyas?

Me levanté muy escandalizada y le contesté:

—Majestad, ¡eso es anarquismo puro!

Faruk no tenía sentido del humor. Mi respuesta le hizo creer que yo sería una conquista fácil si me seducía con su dinero. Después de nuestra cena volvió a su país a arreglar asun-

tos de Estado —faltaba poco para que Nasser lo derrocara—
y al mes recibí una invitación para su fiesta de cumpleaños
con un boleto de avión. Dudaba de sus intenciones, pero mi
deseo de conocer El Cairo era demasiado fuerte: había soñado
desde niña con ver las pirámides y la Esfinge.

Su fiesta fue un espectáculo deslumbrador. Hubo bailarinas semidesnudas, faquires tragando espadas y tocó la orquesta de Glenn Miller traída directamente de Nueva York. Esa
noche casi no pude hablar con él, pero al día siguiente me habló por teléfono para invitarme a viajar con él a las ruinas de
Abú Simbel. Tomamos una avioneta y en dos horas estábamos
frente al maravilloso templo de Ramsés II, cavado en una
montaña. En la puerta me enseñó la estatua de Nefertari, la
princesa nubia que se casó con Ramsés.

—Ella era como tú —me dijo—, le encantaban las joyas
—y llamó a uno de sus criados tronando los dedos.

El criado vino enseguida. Traía sobre un cojincillo de seda
una diadema de oro con pedrería: lo más fabuloso que he
visto en materia de orfebrería.

—Tómala: es la diadema de Nefertari. Un humilde regalo
para la reina de México.

Seducida por el brillo del oro, tomé la diadema en mis manos
y me la llevé a la cabeza, pero de pronto me asaltó una duda:

—¿Es mía a cambio de qué?

—De una sola noche conmigo —respondió Faruk—. Una
sola noche de amor.

Devolví la diadema al cojincillo, con todo el dolor de mi
corazón.

—Eso no lo puedes comprar con joyas ni con todo tu rei-
no. Yo me entrego gratis a un hombre cuando me gusta, pero
no es tu caso. Me gusta más él que tú —y señalé a su criado.

Años después volví a encontrármelo en el casino de Montecarlo, ya derrocado, y me saludó con mucho respeto.

De vuelta en París me presentaron a Christian Dior en una fiesta de mundanidades. Primero me relacioné con él como cliente, después como amiga. La primera vez que le pedí un modelo exclusivo me dijo:

—Te lo puedo hacer a la medida que tienes ahora, pero si bajaras diez kilos te quedaría divino.

Yo no estaba gorda, por supuesto. Sólo que en Francia los cánones de belleza eran distintos a los de México, Italia y España, donde las mujeres exuberantes partían el queso. Entonces bajé los diez kilos de un jalón y mi figura cambió para bien, porque toda la ropa me lucía más.

Hubo un momento en París, después de haber hecho *La bella Otero*, en que tuve algunos problemas emocionales. Deprimida por la muerte de Jorge traté de salir a flote con algo que me levantara el ánimo. Necesito un retrato —pensé de repente—. Un retrato donde me vea como soy: joven y guapa. Hablé del asunto con Jean Cocteau y me mandó a la Rue Payene en el viejo París, donde tenía su estudio la pintora Leonor Fini. Era una mujer extravagante, audaz y con mucho estilo, y tenía un salón que era frecuentado por intelectuales, pintores y músicos. Ella me presentó a Jean Genet, cuando acababa de terminar el *Diario de un ladrón*. Genet nos leyó la novela en su departamento y a mí me pareció correcto robarle una copia del manuscrito en señal de que había comprendido sus enseñanzas.

En casa de Leonor conocí a Max Ernst y a Balthus, el extraordinario pintor de niñas. Pero el más loco de sus amigos era sin duda Salvador Dalí. Ya tenía los bigotes retorcidos, pero en aquel tiempo se hacía el loco. Más tarde se volvió loco de verdad. En una cena discutí con él sobre los dos Cristos que había pintado y entonces él me dibujó un boceto del que más me gustaba. Como pintor, Dalí me parece genial. Como persona era horrible. No conozco a ninguna estrella de cine que se haya hecho tanta publicidad como él.

Cuando Leonor estaba pintando mi retrato, una vez me dijo:

—Estás un poco apagada, María. Yo creo que te hace falta luz. Te hace falta un hombre. ¿Te regalo un hombre?

—Bueno —le dije—, pero antes déjame ver cómo está el hombre.

Yo en realidad estaba jugando, porque la muerte del charro cantor me había dejado un poco indiferente al amor, pero cuando vi entrar a mi regalo se me olvidó la viudez. Era un joven de perfil aquilino que se llamaba Jean Cau. Trabajaba con Jean-Paul Sartre en la revista *Les Temps Modernes*, como secretario de redacción. Es el escritor que he conocido más de cerca, porque más cerca que en la cama, imposible. La cama es un mueble divino donde la gente no puede ocultar cómo es.

Jean Cau me encantaba física e intelectualmente. En ese momento, siguiendo a Sartre, era simpatizante del comunismo. Después empezó a tener más dinero y cambió de ideas. Ahora es partidario de Chirac y escribe una columna semanal en *Paris-Match*. Ganó el Prix Goncourt, que es el premio literario más importante en Francia.

Jean Cau me enseñó muchas cosas. Lo que no me gustaba de él era su crueldad. A veces decía cosas muy hirientes, pero yo lo disculpaba porque talento tenía mucho. Íbamos a conciertos, a museos, a bailar y a muchas reuniones de intelectuales. Vivíamos juntos y él quería casarse conmigo. Me lo propuso hasta el cansancio y mi respuesta siempre fue *no*. Mi lucha por independizarme había sido muy dura como para encadenarme a un joven que seguramente me hubiera querido imponer su ley. Tal vez me habría casado con él de haber sido más joven, pero lo conocí a una edad en que ya no me dejaba llevar por mi primer impulso.

Cuando vivía con Jean tuve algunos problemas con mi hijo Enrique. Un día llegó a mi departamento en París, me encontró con él y se llevó una tremenda impresión. Hablamos en privado, le expliqué lo que pensaba y le propuse que si la vida conmigo no le gustaba en esas condiciones podía irse a vivir con su padre.

Por supuesto que no se fue. Con el tiempo aprendió a estimar a Jean y se hicieron muy amigos.

Jean, como dije antes, era el niño mimado de Jean-Paul Sartre, y por lo tanto no me salvé de conocerlo en persona. Admiro la inteligencia, pero la de Sartre no me convenía. Era un poco pesado con la gente que no le hacía caravanas, y naturalmente yo no se las hice. Cuando yo decía una frase feliz o tenía una respuesta ingeniosa, Su Majestad me regateaba el mérito:

—¿Te crees muy inteligente por tener una mente rápida? Pues la inteligencia no tiene nada que ver con la rapidez, es un don aparte.

—Bueno —me defendía yo—, pero se necesita inteligencia para contestar rápido, ¿no?

—No te creas. La inteligencia no juega carreras. Hay gente muy inteligente que da una respuesta genial con tres horas o tres días de retraso. Para la inteligencia no hay límites.

Simone de Beauvoir y yo no simpatizamos en absoluto. Me pareció pesada, pretenciosa, llena de ínfulas. En un hombre esos defectos pasan; en una mujer son horribles. Procuraba tratarla con pinzas y desde lejos, pero no podía evitar que ella apareciera cuando yo estaba presente en alguna reunión.

Durante el rodaje de *Los héroes están fatigados* conocí a Picasso. Estuve a punto de rechazar esa película porque mi galán era Yves Montand, y su esposa, Simone Signoret, quería que yo me comprometiera en el contrato a no acostarme con su marido. Yo le dije a mi agente Paulette Dorisse que por ningún motivo aceptaría esa cláusula tan cretina. No hubiera podido verme al espejo si aceptaba esas condiciones de trabajo. La Signoret debió notar que se había puesto en ridículo y aflojó el cinturón de castidad que le había endilgado a su esposo. Fue lo mejor para todos, porque la película salió muy bien: fue una de las mejores que hice en Europa. Además de Montand había dos grandes actores en el reparto: uno era Jean Servais, con quien volví a trabajar en *Los ambiciosos*. A pesar de su alcoholismo era estupendo como actor y como persona. El otro era Curt Jurgens, que se hizo muy amigo mío en la filmación y más tarde vino a verme a México con su esposa. Le di un coctel en mi casa, donde se podía comer el caviar con cuchara. Desacostumbrada a esos lujos, su esposa no lo probó, creyendo que eran lentejas.

Los héroes están fatigados se filmó en Arlés, en la Camargue, y por las noches visitábamos a Picasso, que era amigo de los Montand (Simone ya no me tenía celos y con el tiempo nos hicimos amigas). Pesado y arrogante, Picasso acaparaba la conversación sin dejarnos hablar. No era la clase de genio con quien yo hubiera deseado entablar amistad.

Una vez fuimos a cenar con él a un restaurante de la campiña y se le acercó un hombre del pueblo con un dibujo que había pintado su hijo.

—¿Usted cree que sea tan bueno como un Picasso? —le preguntó.

Picasso lo vio un momento con interés.

—No sé —respondió—, pero ahora mismo lo vamos a hacer un Picasso —y firmó el dibujo como si fuera suyo. El hombre se fue loco de alegría.

Al terminar la película —o tal vez antes, ya no recuerdo bien— hice un viaje a Toronto para ver a Quique y paré unos días en Nueva York. Recuerdo ese viaje porque me ocurrió un incidente curioso. Iba caminando por la Quinta Avenida muy quitada de la pena cuando de pronto se me acercó un señor que ignoraba quién era yo y me preguntó si quería posar para unas fotografías. Se llamaba Philippe Halsman y trabajaba para la revista *Esquire*, una de las más importantes de los Estados Unidos. Me hizo gracia que me tomara por una modelo y acepté ir a su estudio, en donde conocí a su mujer, que era francesa y nos sirvió de intérprete.

Halsman era muy serio en su trabajo. Le llevó ocho días tomar las fotos, en jornadas extenuantes que terminaban a medianoche. Puso como fondo un capote de torero que contrastaba con mi pantalón rosa y mi blusa azul escotada. Sonreí, me paré y me senté de todas las formas imaginables, pero el esfuerzo valió la pena: fue uno de los mejores estudios fotográficos que me han hecho. La mejor foto se publicó a doble página en *Esquire* y fue como un llamado de atención para los productores de Hollywood, que de inmediato me tendieron sus redes.

Ya lo habían hecho antes, casi desde que comencé mi carrera, pero siempre me ofrecían papeles de huehuenche y a mí no me daba la gana ir a Hollywood en ese plan. Me parecía que encerrarme en el tipo de belleza autóctona era un menosprecio no sólo para mí, sino para todo México. Mientras trabajaba en Francia me ofrecieron el estelar femenino de *Duelo al sol*, que sí me hubiera gustado hacer, pero no pude aceptarlo por tener otras películas en puerta. Más adelante el director Robert Aldrich me envió el guión de *Lylah Clare*. La historia me gustó bastante, pero por una razón u otra no pude arreglarme con el productor y terminó haciéndola Kim Novak. Otra buena oferta que tuve fue el papel de María Vargas en *La condesa descalza*. No lo pude aceptar porque ya había firmado contrato para *La bella Otero* y finalmente se lo dieron a Ava Gardner, a quien luego conocí en Madrid, cuando se ponía unas borracheras de espanto y vomitaba en las macetas de los hoteles.

Nunca me arrepentiré de haberle dicho que no a Hollywood, porque mi carrera en Europa se había orientado hacia el cine de calidad. El gran éxito ya lo tenía: lo que me faltaba era acercarme al cine importante, hacer películas que dejaran huella. *French-Cancan* me dio esa oportunidad y no la desaproveché, aunque al principio no quería hacer la película porque sólo tenía una pequeña parte. Cedí por consejo de mis amigos intelectuales y la experiencia valió la pena. Jean Renoir, el director, era un maestro al que toda Francia admiraba y yo quería aprenderle algo. Al conocerlo pensé que era un elefante color de rosa. Su ternura y su delicadeza me cautivaron. Al poco tiempo de conocerlo ya lo adoraba. También a su esposa, una brasileña inteligente y guapísima que se llamaba Dido.

Jean era hijo de Auguste Renoir, el célebre impresionista, y la película fue un homenaje a él. Mi personaje, *la belle Abbesse*, era una bailarina del Moulin Rouge que volvía locos a los hombres ejecutando la danza del vientre. Renoir filmó toda la película con las tonalidades pictóricas de su padre, pero a mí, que no era bailarina de cancán, me retrató al estilo de Matisse. Cuando vi la película me enojé mucho porque cortaron una escena sensacional donde los hombres del cabaret se me echaban encima a quitarme la ropa. También cortaron pedazos de la danza del vientre, que resultó demasiado fuerte para la censura francesa.

He sido víctima de la envidia profesional infinidad de veces, pero la sangre nunca había llegado al río como sucedió con Françoise Arnoul, mi compañera de *French-Cancan*. Creo que Françoise empezó a odiarme porque yo era la actriz consentida de todo el *staff*. Cuando hice *La bella Otero* regalé centenarios a todos los trabajadores de los estudios Joinville Le Pont y ellos me consiguieron un camerino con sala, comedor y tina, mientras que Françoise tenía un cuartucho donde no cabía ni su ropa. Yo hacía el papel de guapa en la película y ella era una lavandera. Desde ahí ya estaba en desventaja. Y como además era chaparra, parada junto a mí parecía un mosquito. Yo sacaba sombreros extraordinarios y trajes divinos diseñados por Marcel Escoffier y realizados por Irene Karinska, que había ganado varios Óscares en Hollywood y le hacía todos los trajes de ballet a Serge Lifar, el gran bailarín ruso de aquel momento.

Desde el principio noté que Françoise me tenía mala voluntad, pero me dediqué a lo mío sin hacerle caso. En una escena, según el *script*, Françoise tenía que darme un golpe en la cara. Entonces me permití hacerle una sugerencia a Renoir que seguramente indignó a mi rival.

—Oye —le dije—, este gesto de Françoise para pegarme es ilógico, porque yo nada más le tuerzo la mano y la tendría dominada. Soy mucho más fuerte que ella. ¿Por qué no le das otra acción?

—Tienes toda la razón —aceptó Jean—. Mejor que ella te quite el sombrero y te pegue con él. Será más creíble que un golpe de mano.

Françoise no abrió la boca pero por dentro estaba a punto de estallar. Hicimos un ensayo y la escena salió sin dificultad, pero a la hora de filmarla vi que Françoise tenía empuñada la mano con la que supuestamente me iba a quitar el sombrero y pensé: ¿cómo me lo va a quitar con el puño cerrado? Antes de que pudiera reaccionar me dio un duro golpe en el ojo gritándome "sale étrangère" (sucia extranjera). Eso lo oyó Renoir, lo oyó Jean Gabin y todos los presentes. Me le fui encima y le di una paliza tan severa que la mandé al hospital.

Renoir filmó el pleito y dejó algo en la película. Yo quedé con un ojo morado y no pude trabajar en dos semanas. Lo bueno fue que Jean me dio la razón a mí. A partir de entonces me llamó la *Tigresa* y no permitió que el mosquito me volviera a picar.

El ritmo de trabajo en Francia era mucho más rápido que en Italia, lo que me obligó a hacer un esfuerzo doble. Salí adelante con disciplina y con pantalones. Para el idioma conté con el apoyo de Jean Cau, que me corregía con suavidad y me enseñaba palabras nuevas. A su manera, Topolino también hacía progresos en el francés. En una fiesta que di en mi casa un invitado le preguntó cuántas veces había estado en Francia. Ella le respondió con mucho aplomo: "C'est la premiere fois que je pis la France" (es la primera vez que orino a Francia). En sus ratos libres afinaba su cultura literaria leyendo a Tolstoi, que ella pronunciaba *Tolstuá*.

Terminé con Jean por razones profesionales. En México tenía un sitio privilegiado que no podía abandonar, y cuando terminé *French-Cancan* salí de Francia por tiempo indefinido. Como Jean sabía que yo no era buena para escribir cartas, me mandaba cuestionarios a México para que yo marcara con una cruz la respuesta correcta.

Tu m'aimes? Oui ou non
Tu me manque? Oui ou non
*Tu es contente? Oui ou non**

Era muy tierno de su parte, pero yo sabía que la separación era definitiva. Poco después conocí a Berger y se me abrió un mundo nuevo. Con él volví a París, pero también hubiera vuelto sola porque me había enamorado de la ciudad. En París todo se vuelve más fácil para una mujer. Es una ciudad femenina, donde los franceses nos han colocado en un pedestal. Allá he pasado la mitad de mi vida sin haber sentido nunca la famosa nostalgia del chilaquil, pero eso no quiere decir que haya olvidado a mi país. Me pasa una cosa rara: desde lejos lo quiero más.

---

* *¿Me amas? Sí o no / ¿Me extrañas? Sí o no / ¿Estás contenta? Sí o no.*

Diego, mi retrato y yo

CAPÍTULO X

MODELO Y MUSA

Tengo una admiración sin límites por los hombres inteligentes. No necesito conocerlos de antemano para saber que lo son: los capto al vuelo, desde el primer saludo. Hay en mí una especie de imán, no sólo para reconocer el talento, sino para atraerlo. Quizá por eso me han honrado con su amistad muchas grandes figuras del arte universal, tanto en mi país como en el extranjero.

Por otra parte, soy asidua visitante de museos, frecuento las mejores galerías de América y Europa, conozco a fondo las artes aplicadas y colecciono antigüedades desde hace cuarenta años.

Toda esa experiencia respalda mis gustos y avala mis reflexiones sobre el arte contemporáneo, que no pueden estar separadas de una reflexión más general sobre la sociedad.

Creo que el arte contemporáneo está en completa decadencia, una decadencia que abarca numerosos aspectos de nuestra vida social, como son la estructura familiar, el sentido cívico y el concepto del deber. Se desmoronan los valores patrióticos, la delincuencia y el uso de drogas aumentan de manera galopante en los países ricos, mientras la corrupción llega a las más altas esferas de los gobiernos. Una sociedad enferma no puede producir más que un arte enfermo.

¿Cuáles son los venenos que han adulterado nuestros valores éticos y estéticos? Principalmente se trata de cierto materialismo hedonista que viene aparejado con el culto al dinero, nuestro supremo Dios. Este veneno es difícil de contrarrestar porque se presenta disfrazado con fórmulas huecas como "libertad para todos" y "respeto a las diferencias".

Desde que el dinero se adueñó del arte, la especulación financiera desplazó a la verdadera crítica. Frente a la ley del mercado impuesta por las galerías, pienso que el Estado podría volver a ser una protección, un contrapoder, por lo menos en el caso de los monumentos y de los grandes proyectos arquitectónicos. El arte público debe ser comprensible para el pueblo porque el pueblo sólo puede tener contacto con lo bello en parques y plazas, mientras que los ricos tienen objetos de arte en sus casas.

Hace poco estuve en la catedral haciendo un programa de televisión y le pregunté a un hombre humilde que estaba rezando si le decían algo los vitrales de Mathías Goeritz.

—¿Pero cómo cree que van a despertarme la devoción esas porquerías? —me dijo—. Para mí son el infierno, mejor ni los veo.

Eso es lo que ocurre con buena parte del arte contemporáneo: no transmite ningún sentimiento. Lo que se ha hecho en la catedral me duele mucho y espero que algún día las autoridades vuelvan a poner los vitrales que mandaron quitar. Es un crimen haber profanado así nuestro monumento arquitectónico más importante por el capricho de un funcionario.

Por desgracia, y con el pretexto de la modernidad, nuestros gobernantes se dejan guiar por las modas de Nueva York o París en vez de orientar el gusto del pueblo, un pueblo urgido de volver a sus raíces. Las calles de México están repletas de adefesios como el horror amarillo color taxi de avenida Juárez, que no tiene perdón, y esos tubos de alcantarilla que pusieron junto al acueducto de avenida Chapultepec. Esas obras ofenden a la vista y son totalmente ajenas a la sensibilidad del mexicano. Que no se equivoquen sobre el sentido de mis reflexiones: no se trata de regresar a fuentes coloniales o precolombinas. México también está anclado en el Occidente latino y ha desarrollado un estilo mestizo, una cultura propia que es nuestra obligación preservar.

Es ridículo que un país con esa tradición imite lo más fraudulento y vacío de las modas internacionales, como los lienzos monocromos o la pintura abstracta, que no son arte, pues tienen una función estrictamente decorativa. El arte debe tener otras ambiciones: representar al mundo con una carga espiritual, impregnarse con la poesía de la vida, engrandecer lo humano y exaltar valores como el amor al trabajo, la ternura y el heroísmo.

El arte verdadero trasciende lo real. Eso fue lo que nos enseñaron Mantegna, Cranach, Bronzini, Velázquez y el Greco. Eso mismo han logrado, entre los modernos, Alma Tadema y Cabanel. En México, hasta hace poco, teníamos a un Saturnino Herrán y tenemos todavía a un Rafael Coronel. Por contar con pintores de esa categoría, nuestro país está mejor preparado que otros para soportar los embates del mercantilismo. Una corriente de calidad subsiste, simplemente está oculta tras bambalinas.

Mi criterio estético es el resultado de toda una vida en estrecho contacto con el mundo del arte. Antes de ser actriz, cuando era una chamaca ingenua y alborotada, los pintores ya me pedían que posara para ellos. Fui modelo de muchos, sin saber si eran buenos o malos. En la adolescencia me pintó

José Clemente Orozco, uno de los tres grandes, dicen, de nuestra pintura mural, que a mi juicio está sobrevaluada.

Yo no sabía quién era cuando estuvo en Guadalajara pintando los murales del Hospicio Cabañas. Lo conocí en casa de unos amigos mutuos y me pareció un hombre introvertido, quizás un poco amargado. Acepté posar para él por espíritu aventurero sin saber que era un pintor de importancia. Orozco no me vio bonita. En su retrato no era una mujer glamorosa. ¡Qué va! Me presentó como una calavera maquillada. Yo siempre parecí mayor en la adolescencia, porque era muy alta, muy fuerte, muy mujer. Lo extraño fue que Orozco no me vio en el esplendor de la juventud. Me vio muerta. Sentí como si me hubiera pintado con rayos X. Lástima que haya perdido el retrato. Al mudarme a Catipoato empaqué todas mis pinturas, pero la de Orozco desapareció misteriosamente. Alguien me la expropió y ahora debe estar colgada en la sala de algún gringo.

A Orozco no lo volví a ver, ni me ha interesado tener más cuadros suyos, porque la mera verdad no me gustan. Tampoco los de Diego Rivera, a quien sin embargo recuerdo con mucho afecto, pues para mí fue mucho más que un artista: un amigo, un cómplice, un compañero.

Lo conocí en Tulpetlac, un pueblito cercano al Distrito Federal, cuando estaba filmando *Río Escondido*. El productor llamó a Diego para que hiciera un dibujo de mi personaje con un niño en los brazos (el niño era nieto de Diego, el hijo de Picos). Diego lo hizo al carbón, de un solo trazo impecable. Yo estaba fascinada viéndolo. Después me regaló el dibujo y me mandó hacer un marco blanco con un ebanista de Coyoacán. Así lo conservo hasta hoy: es una maternidad preciosa, lo único que me gusta de él.

El mismo día que nos conocimos nació nuestra amistad. Al regresar a la ciudad me invitó al hotel Del Prado a ver el fresco *Un domingo en la Alameda*, que provocó un escándalo por su capricho de incluir la frase "Dios no existe". Le pedí que me regalara el mural.

—Claro que sí —me dijo—, pero ¿dónde lo vas a poner?

—No lo quiero completo. Voy a recortar las figuras y a ponerlas en marcos.

Diego soltó una carcajada y me prometió un retrato. Más tarde lo acompañé a una exposición de Siqueiros en el Palacio de Bellas Artes. Al aparecer juntos en público empezó a correr el rumor de que Diego se había enamorado de mí.

Era cierto. Diego me amó sin esperanzas durante casi diez años. Digo sin esperanzas porque a mí los viejos nunca me han gustado y él lo sabía. Casi a diario me mandaba una tarjeta con un sapo-rana pintado en la orilla (la caricatura de sí mismo, pues él era el primero en burlarse de su gordura). De la boca del sapo salían apasionados mensajes de amor: "¿Qué pasará —decía el sapo, chillando— que el teléfono de Catipoato está siempre ocupado? ¿Con quién ch… habla María tanto tiempo?" En otro me recordaba, celoso, que Cesáreo González podía tener para mí oro y brillantes y Picasso podía exaltar mi belleza, pero él se conformaba con que la diosa en su gloria se acordara de su batracio. A veces las tarjetas venían adornadas con calabazas, en señal de las que yo le daba por no casarme con él. Otras traían pintada una nube negra y un corazón sangrante envuelto en llamas. Y siempre que yo regresaba de algún viaje, me recibían en el aeropuerto con una camisa color de rosa, un sombrero de palma y un ramo de flores silvestres.

A París me envió una carta de varios pliegos que en los márgenes tenía dibujada la iglesia de Álamos, adonde fue de visita sólo por ver de dónde había salido yo. Me bautizó como "la Sagrada Virgen de Catipoato" y fundó la religión Marifeliana, de la cual era el Sumo Pontífice. Obsesionado por complacerme en todo, me diseñó una cama de plata con una cabecera labrada que ahora tengo en la chimenea de mi casa en Cuernavaca.

Diego siempre se rodeaba de personas extravagantes. Ya estaba viejo pero tenía una mente muy joven. Me gustaba visitarlo en su estudio. Para llegar había que subir por una escalera muy angosta y atravesar un enorme salón lleno de ídolos prehispánicos. El suelo estaba pintado de amarillo congo, un color que —según me explicó— se utilizaba en las casas de gente pobre para ahuyentar la cucaracha y el piojo. En el centro de un gran petate estaba su caballete, su silla de tule y una mesa de madera sin pintar donde mezclaba los colores. En un rincón tenía colgados todos sus judas con cuernos y un letrero que decía: *don't smoke, please*, porque a Diego le molestaba mucho el humo del cigarro, pero conmigo hacía una caballerosa excepción. En el techo tenía un avioncito, un borrego, varias calaveras colgando, y luego había un barandal arriba del *mezzanine* donde trabajaba la secretaria que le tomaba sus recados. Era una casa completamente sencilla, de muebles baratos, muy mexicanos, todo pintado de azul y verde.

Diego era un mitómano profesional. Cuando pintó mi retrato al óleo, para que yo me distrajera mientras él trabajaba, me contó que había tenido un hermano siamés pegado a su panza y que había llevado muchos años una capa muy amplia para taparlo. Charlaba con el siamés a todas horas hasta que un día su hermano conoció a una muchacha y le propuso matrimonio. El despegue quirúrgico se había hecho sin anestesia en su casa de Guanajuato. ¡Y esto lo decía con la mayor seriedad, jurando sobre la Biblia! También me hablaba de sus largas entrevistas con Stalin, a quien nunca conoció, y me contaba sus aventuras con caníbales africanos, de quienes aprendió el hábito de comer carne humana, que según él tenía un sabor exquisito.

El retrato que me hizo no es precisamente lo mejor de su obra: salí con un seno caído y una pierna más larga que otra. Como no quería mostrarme en público de esa manera, me negué a prestarle la pintura para una exposición retrospectiva de su obra que hubo en el Palacio de Bellas Artes. Por ese motivo me dejó de hablar un año. Luego hizo las paces conmigo enviándome una rana de piedra con una disculpa. Yo no posé para Diego desnuda, pero él se las ingenió para que el pecho se me transparentara por debajo del vestido. Cuando me casé con Alex Berger, el retrato se convirtió en un problema. No le molestaba el desnudo —en esas cosas Alex era un hombre muy liberal—, sino que mi pecho estuviera mal dibujado. Para tenerlo contento quise darle una satisfacción: un día que estaba un albañil resanando una pared de la casa, le pedí que me prestara un bote de pintura blanca, tomé una brocha gorda y en un dos por tres me cubrí los senos. Más tarde me deshice del retrato sin importarme lo que me dieran por él. A pesar de mi retoque ha pasado por varios dueños y ahora está en manos de un famoso compositor.

A Frida la quise tanto como a Diego. Era inteligente, divertida, lépera como ella sola. Soportaba sus penas exteriormente muy bien, pero yo notaba que sufría muchísimo. La recuerdo metida en aquellos cepos y aparatos, físicamente deshecha pero con el espíritu en alto. La mayor de sus penas era ver cómo se moría poco a poco. Yo le llevaba pedazos de vida: mi alegría, mi juventud, mi entusiasmo. Cuando me separé de

Agustín la visitaba mucho con Diego en su casa de Coyoacán y me quedaba a vivir unos días ahí como la cosa más natural del mundo. Dormía, desayunaba, los veía pintar. A Frida le gustaba que yo viviera con ellos. Por su condición de lisiada no podía tenerme celos y hasta se identificaba con Diego en su amor por mí. Muchas veces me dijo: "Es lo más natural del mundo que Diego te adore." Pero como yo tomaba a broma las declaraciones amorosas de Diego, Frida me pidió que lo aceptara como esposo en una carta adornada con palomitas y motivos mexicanos. Yo les dije exactamente la verdad: que los quería y los adoraba, pero la mejor manera de conservarlos como amigos era seguir como estábamos.

Al volver de cada viaje veía a los dos, pero una vez que regresé de París Frida ya no estaba, y a mí Diego no me avisó que había muerto. Me sentí muy mal cuando me llevó a la casa de Coyoacán y sin decirme nada me enseñó la cama de Frida vacía y la urna donde guardaba sus cenizas. Quería que yo conservara una caja con varias gavetas donde ella guardaba sus joyas y sus diarios, pero la rechacé porque en ese momento estaba conmocionada.

Todo eso debe tener ahora un valor incalculable. Por desgracia, Frida no alcanzó a ver su consagración ni el *boom* de sus cuadros. En vida no fue rica ni mucho menos. Cierta vez, cuando ya estaba muy enferma y andaba mal de dinero, me pidió que le vendiera unos cuadros entre mis amigos. No me los ofreció directamente porque sabía que sus pinturas no me gustaban. Ahora están por las nubes en las galerías de Nueva York, pero entonces no tenía dinero ni para una aspirina, y como era orgullosa le daba pena pedirle a Diego.

Diego no tardó mucho en seguirla. Llevaba años padeciendo un cáncer y no escuchó las advertencias de los doctores que lo atendían hasta que su mal ya no tuvo remedio. Un día fue a verlo a su estudio un oncólogo para decirle que se moriría en un mes si no se operaba. Le respondió una palabrota y siguió pintando. A sugerencia de Narciso Bassols, viajó a la Unión Soviética a que lo trataran con cobalto y gracias a ello duró dos años más, pero ya era un caso perdido. El día de su muerte lo fui a ver con Renato Leduc. Estaba en la cama, entreabrió los ojos y me dijo: "Linda, perdóneme que no hable con usted, pero me siento muy cansado, quiero dormir". Ya no despertó. De su estudio lo llevaron al Palacio de Bellas Artes, donde su pueblo fue a despedirlo con ramos de alcatraces.

He posado para varias generaciones de pintores, pero mi personalidad ha sido mejor comprendida por las mujeres. Leonora Carrington y Remedios Varo me hicieron pinturas alucinantes. De Remedios tengo un óleo al que me gusta llamar *Una mujer satélite perdida*. Me pintó sobre un cielo gris, dejando una estela de luz en el espacio. Calzo lunas en vez de zapatos y un papalote me arrastra entre una lluvia de lágrimas y diamantes.

A Leonora la quise y la quiero mucho, aunque ya casi nunca la veo. Viaja por todo el mundo y siempre está en un país donde yo no estoy. De vez en cuando nos vemos en Nueva York y siempre la encuentro vital, fascinante, joven. Por ella pondría mi mano en el fuego: es una mujer mágica. Una hora con ella me parece un minuto. Cuando éramos uña y carne me dijo una vez: "Te voy a hacer un retrato, ¿cómo lo quieres?" La admiraba tanto como pintora que un retrato se me hizo poco y le pedí tres de un jalón. Como ella es surrealista y se inspira en los sueños, le conté uno que había apuntado porque me pareció fabuloso. Estaba yo en el mar y era una sirena de nácar y luego subía a unas playas divinas, llenas de vegetación, y me convertía en una sirena de fuego. Entraba en el mar a bañarme y en vez de salir mojada salía envuelta en llamas, pero luego me endurecía y tomaba la forma de una sirena negra hecha de carbón. Como las sirenas hechizan a los hombres con su canto, iba cerca de un barco y los hombres me caían en las manos. Le conté el sueño a Leonora y me hizo un tríptico submarino con las tres metamorfosis: mujer de nácar, mujer de fuego y mujer de carbón. Ocupó un sitio de honor en la exposición de mis retratos que montó la UNAM en el Palacio de Minería.

A Leonora la conocí porque Renato Leduc, cuando era su marido, me llevó unos cuadros suyos a París. Renato fue uno de mis grandes amigos. Me lo presentó Agustín Lara, pero seguí tratándolo cuando nos divorciamos. Mi amistad con Renato era una amistad amorosa. Es muy difícil encontrar gentes puras en este mundo. Renato lo era. No digo puro sexualmente, porque no hacía otra cosa que enamorarse como loco. Puro en su trabajo, puro en sus ideas, puro en su manera de ser. No tenía el menor asomo de presunción o de vanidad. Me divertía muchísimo con su ingenio, con sus locuras, con su habla de carretonero, que en él sonaba tan espontánea que no parecía vulgar.

En una tumultuosa comida que me dieron en el restaurante El Taquito, cuyos dueños se hacían publicidad con el pretexto de agasajarme, le propuse matrimonio en broma:

—Caray, Renato —le digo—, fíjate que yo necesito un hombre en mi casa porque ando al revés: todas las cuestiones que te arregla el hombre, por ejemplo mis documentos, mis licencias para manejar, mis impuestos y todo eso, me las pagan mujeres, lesbianas que están enamoradas de mí y quieren ser mis amigas. En cambio, las cuestiones de mujer, las modas, me las arreglan maricones como Valdés Peza. ¿Por qué no te casas conmigo y me resuelves todo?

—Tú no necesitas un marido —me contestó Renato—. Un marido lo tienes a la hora que quieras. Lo que necesitas es un buen administrador. ¿Yo cómo iba a casarme contigo? Si fueras pobre como yo probablemente sí le entraba, pero tú eres rica y yo estoy muy satisfecho de llamarme Renato Leduc y no el señor Félix, como sería si me caso contigo. El único marido que tú puedes agarrar sin perjuicio de su personalidad es el mariscal Stalin. ¿Por qué no vas a enamorarlo a Rusia?

Otro día, viniendo de Guadalajara, estuve a punto de chocar con una vaca tumbada en la carretera. Llamé a Renato y le dije que por poco me mataba por culpa de una vaca sentada. Se carcajeó en el teléfono y me dijo:

—Las vacas no se sientan, María.

—¡Eso lo dirá usted! La que yo vi estaba sentada y mirándome directo a los ojos.

Al día siguiente publicó en su columna "Cinco Minutos" del *Esto* un poema titulado "Donde se explica a María la condición de una vaca sentada". Dice así:

María: Las vacas sentadas
son vacas que hablan inglés
aunque usted las haya visto
—las ubres desparramadas—
mugiendo y dándose pisto
en Guadalajara… pues.
Explíqueme usted, María,
si la vaca susodicha
cruzando estaba la pierna

honestamente, o tenía
ese impudor que delata
al casto perro salchicha.

¿La vaca llevaba anteojos
montados en la nariz
y los belfos exhibía
más bien exangües que rojos?
Pues en tal caso sería
una vaca institutriz.

Aunque se encuentre ocupada
la vaca sentada es
por definición, vacante.
Toda persona sentada
es sedente o es sedante
según sea dama o sea res.

Mugiendo van por lo bajo
—ojo al parche y cuerno gacho—
las vacas por la pradera.
Y cual peones a destajo
devoran la carretera
como andaluz el gazpacho.

Las vacas se dicen cosas
—chismes de establo y ordeña—
por las noches y en secreto.
Por tal razón, perezosas,
siéntanse a modo de reto
cuando les hace uno seña…

Por eso tal vez, María,
vio usted sentada a la vaca.
O a lo mejor estaría…
pues estaría haciendo caca.

Renato, Efraín Huerta y Pepe Alvarado formaban una ca-
marilla que me defendía en la prensa contra los ataques de los
idiotas. Me cuidaban al extremo de ser más papistas que el Papa. Una vez, no recuerdo en qué año, me hicieron un homenaje en el cine Chapultepec, al que asistieron algunos de mis
críticos más feroces. Al verlos, mis tres escuderos se pusieron de
pie y abandonaron la sala en señal de protesta. Yo iba con
Agustín y me quedé en mi butaca. Realmente no estaba tan
indignada como ellos.

Eran temibles con la pluma. El cejudo Alvarado se puso furioso cuando me criticaron por llevar pantalones en el sepelio
de Jorge y le dijo a mis detractores que también ellos deseaban
usarlos, pero embarrados y de color violeta. Efraín siempre me
quiso desde lejos. Como crítico de cine elogiaba todas mis películas, fueran buenas o malas. Pero lo admiré sobre todo como
poeta. Él fue quien me puso "María de todititos los Ángeles"
y luego desarrolló esa misma idea en un poema donde me
hizo bajar del cielo:

María de los Ángeles Félix

Y de este cielo azul, en dulce vuelo y en perfecta armonía
desprendióse tu sueño, tu esbelta juventud, tu cabellera.
Vinieron a nosotros tus pestañas de mágica penumbra,
tus pestañas de alas, tu boca de camelia ensimismada.
Y de tus bellos hombros donde risas descansan,

cayó la flor del trigo como lluvia entrañable
 de lenta madurez.
Y así la estatua fue un temblor de misterio y un febril
 encenderse
de breves llamas tiernas en el abierto campo de
 nuestro corazón.
El cielo se hizo carne, la brisa testimonio, el árbol de la vida
 una promesa.
Descendieron las aves a tus pies,
y en la frente del hombre se nutrió la estrella del asombro.
Ángeles de malicia vigilaron el nuevo nacimiento
 sin espumas ni olas.
Mitologías de mármol y de barro se abrieron a tu paso.
Y al ceñirte la gracia, al darte la belleza un prolongado
 beso de poética envidia,
miles de ojos y oídos, de lentes, de pinceles,
de palabras y ritmo entrecortado, como las que hoy pronuncio,
del mismo cielo, digo, bajaron como rayos las vivas de alegría
formando un magistral coro de sugestiones y advertencias:
"¡María Félix es nuestra! A la bendita tierra mexicana
tan sólo va a pasar sus vacaciones."

Y hubo un batir de alas como rimas de Bécquer.

Otro de los grandes poetas mexicanos que tuve la suerte de
conocer y tratar fue Xavier Villaurrutia. Me lo presentó Julio
Bracho y estuvimos juntos mucho tiempo en los ensayos de *El
monje blanco*. Tenía más fuerza de la que aparentaba. Era de una
gran timidez, muy reservado. Se le notaba la tensión interior
de las personas inteligentes. Xavier fue de los primeros que
me vieron talento de actriz. Admirado por mis ganas de apren-

der, decía que si yo no me dejaba encajonar en el tipo de vampiresa, tenía posibilidades de hacer una carrera sobresaliente. Me escribía muchas cartas cuando no estaba en México y estuve empeñada en hacer, por consejo suyo, el papel de Thyérèse Raquin, la adúltera de Zola, pero no conseguí a ningún productor que se interesara en el tema.

A Salvador Novo lo conocí más tarde. Le tenía cierto recelo porque había escrito en su columna que yo llevaba a los toros de chaperón a Agustín Lara. Pero cuando lo empecé a tratar me pareció una delicia de hombre. Era malvado, irónico, punzante, muy atractivo en su manera de decir las cosas. Lo vi por primera vez en un cumpleaños de Carlos Chávez. Me habló de mi hermano Pablo, a quien había conocido cuando era cadete del Colegio Militar. Su muerte le había causado una impresión muy honda.

Lo invité a mi casa de Aristóteles a que viera el retrato que me estaba terminando Diego Rivera y fue al día siguiente con el maestro Chávez. Desde entonces nos llevamos bien, aunque no llegamos a intimar porque Salvador se pasaba de la raya con su lengua de doble filo y a veces yo no le aguantaba sus bromas. Me escribió un diálogo teatral en el que aparezco *tête à tête* con la *Güera* Rodríguez. Como todo en él era ambiguo, no sé si la comparación con la Güera fue elogiosa, mordaz o las dos cosas. Diez o quince años después, ya casada con Alex, me hizo un homenaje versificado:

¿Hallarle consonante a Félix?
El más apropiado es el ix-
ir de la juventud eterna;
aunque por otro lado o pierna,
si por error decimos elix

taccíhuatl, nos acercaremos
a definir lo que queremos
(pues lo correcto es decir Izta,
en grave como en Chimalíztac).
Ya salió el buey de la barranca:
Iztaccíhuatl es Mujer Blanca,
mujer volcán de níveo copo,
arropada cerca del Popo,
a enmarcar el valle de Anáhuac
y a embellecer el Cemenáhuac.
Pantalón en lugar de enaguas,
la dulce lengua de las nahuas
le dio el nombre de Citlain
a esta mujer que a troche y moche
brilla de día y de noche,
y a quien le profesamos tal intenso
amor cuantos la admiramos:
a esta Malintzin, que otra vez,
¡en Alex tiene a su Cortés!

En mi galería de escritores hay también una poetisa, Pita
Amor, que me escribió cosas formidables. Pita es una mujer
indefinible, completamente fuera de lo normal. Su origen se
pierde en la noche de los tiempos, porque es viejísima. Está
medio loca —siempre lo estuvo— pero conserva el dominio
de la palabra. Cuando éramos amigas una vez me encontró
en la calle y al día siguiente me mandó unos versos que decían:

Ayer te vi rodeada por la tarde.
Ibas como un cuchillo desafiando el aire.

Con mis biografías he tenido muy mala pata. La primera se tituló *María Félix en pantuflas* y la escribió una tal señorita Saucedo, a la que yo concedí algunas entrevistas por lástima, para que se ganara unos pesos. Me fui a España y di otras entrevistas en las que conté algunas de las cosas que le había dicho a ella. Poco después recibí un telegrama donde me avisaban que la señorita Saucedo me había demandado por plagio, ¡como si ella hubiera sido la dueña de mi propia vida! La demanda era un disparate sin fundamento, pero con las corruptelas de la justicia mexicana el caso llegó a los tribunales y tuve que trasladarme a Lisboa para arreglar el asunto desde ahí, porque México no tenía relaciones diplomáticas con la España de Franco.

El libro de la Saucedo estaba lleno de falsedades y ha sido la fuente en que se inspiraron muchos otros "biógrafos" de pacotilla que nunca me conocieron. El más fraudulento de todos fue el autor de *La mexicaine*, un libro aparecido en Francia donde se asegura, por ejemplo, que yo fui amante de Pedro Armendáriz, con quien jamás tuve nada que ver.

A los novelistas los he atraído por el lado de la curiosidad. Mi leyenda es una tentación para ellos, pero creo que no han estado a su altura. Ni Luis Spota en *La estrella vacía* ni Carlos Fuentes en *Zona sagrada* se acercan a lo que soy, pero en su momento yo los respaldé sin escandalizarme por sus conjeturas sobre mi vida. Tenían que inventar un personaje con sal y pimienta, porque la parte bonachona de una actriz no le interesa a nadie. Eso lo comprendí. Pero no me reconozco ni en Claudia Nervo ni en Olga Lang, las protagonistas de sus novelas.

Al principio tuve buenas relaciones con Fuentes. Después me decepcionó. Parecía un tipo de bonito coco. En París nos divertimos y carcajeamos juntos, él con Rita Macedo y yo con Alex. Tiene un *charme* tremendo cuando lo quiere utilizar, pero de todas maneras lo encontré un poco farolón, como queriendo estar siempre en primera fila. Su novela me cayó en gracia, tanto así que estaba dispuesta a filmar la película. Pero el proyecto se vino abajo y luego conocí la parte femenina de Fuentes, su corazón de mujer. De un hombre yo espero halagos, cumplidos, declaraciones de amor. Lo que no espero es que trate de brillar a mi costa.

A Fuentes le gusta provocar a grandes figuras para que alguien lo ataque y él salga beneficiado con el escándalo. Por eso me quedé callada cuando sacó esa porquería de las *Orquídeas a la luz de la luna*, donde nos insulta a Dolores y a mí. Cuando la publicó hablé con Dolores, que se estaba muriendo en un hospital de Newport, en Rhode Island. Le dije que Fuentes nos había difamado y ella me pidió que la defendiera porque no tenía fuerzas para luchar.

—Ya no pertenezco a este mundo —me dijo—. ¿A qué mundo crees que voy, María?

Recordé una frase de Madariaga y le dije:

—Te vas a ir a un país que no tiene puertas ni ventanas.

Pude haber logrado que prohibieran la obra de Fuentes cuando la iba a estrenar en México, valiéndome de mi amistad con el presidente, pero mejor lo ignoré. Sabía que si me quedaba callada era peor para él. Y así fue: la obra no tuvo éxito en ningún lado.

Fuentes lucha por llegar a la primera fila porque no está en ella. El escritor mexicano más admirado en el extranjero es Octavio Paz. Me da un poco de coraje que su obra no haya sido apreciada en México. Han apreciado a otros con mucho menos mérito que él, ya no digamos con su reconocimiento, porque el Nobel es el título que más pesa en el mundo. En Francia se hablaba de Paz con respeto muchos años antes de que ganara el premio. En el círculo del talento, donde yo me he movido siempre, le tienen una admiración enorme. Y todos los enemigos de Paz en México son menores que él.

Yo lo admiré por su poesía antes de conocerlo. Me siento muy orgullosa de que sea mexicano. Vivirá siempre, como Diego y Frida, porque Octavio es un gigante y los gigantes no pueden morir.

La Revolución fue mucho más dura que en mis películas

Capítulo XI

SOLDADERA DE LUJO

A pesar de mis éxitos en Francia no podía descuidar a mi público de América Latina, donde me ofrecían continuamente contratos en teatros y centros nocturnos. En 1955, al terminar *Los héroes están fatigados*, emprendí una gran gira por Centro y Sudamérica. No hubiera tenido que hacer nada en el escenario para ganar el dinero a montones. Ya me había presentado en plazas de toros sin hacer otra cosa que firmar autógrafos, pero por consideración al público monté un *sketch* cómico con Andrés Soler y me lancé a un recorrido por Colombia, Ecuador, Venezuela, Bolivia y los países del Cono Sur.

Aunque don Andrés me hizo pasar aprietos por su mala memoria, en todas las plazas nos presentamos a local lleno con un éxito arrollador. En el *sketch* él era un viejo verde al que yo traía por la calle de la amargura, engañándolo en situaciones de vodevil. Después del numerito yo bromeaba con el público y cantaba algunos boleros, advirtiéndoles que no me consideraba cantante. Yo sólo decía las canciones, nunca presumí de tener una gran voz. Me gustaban los tangos pero no me atrevía a cantarlos: únicamente piezas de Lara y de alguno que otro compositor.

Días antes de mi llegada a Venezuela, procedente de Bogotá, el obispo de Caracas había estado advirtiendo desde el púlpito que los buenos católicos no debían ir a verme al teatro, porque yo era una devoradora de hombres, una destructora de hogares y un peligro para toda la sociedad. Llegó al extremo de anunciar que si yo me presentaba en Venezuela tendría que pasar sobre su cadáver. El empresario me previno de sus amenazas, que para mí resultaron una publicidad estupenda. Cuando llegué, la gente me dio una bienvenida fenomenal. Eso fue un sábado. El domingo me levanté con la noticia de que el obispo había muerto de un paro cardiaco. Los periodistas empezaron a decir que yo lo había matado y mejor suspendí la temporada, no fueran a lincharme en la calle. Por fortuna, mis relaciones con la Iglesia no siempre fueron tan malas. En México fui amiga durante muchos años de monseñor Garibi Rivera, que nunca se metió conmigo ni pretendió sermonearme. Desayunábamos en Sanborns a cada rato: tenía una conversación mundana muy agradable y le gustaba que yo le contara chistes de todos colores.

De Caracas pasé a Bogotá, donde el empresario me tenía programados dos *shows* cada noche, algo insoportable para mí, que venía rendida por los cambios de horario y las tensiones del viaje. Una noche me negué a salir al segundo *show*. Mi representante Fanny Schatz me rogaba: "Por tu madre, María, mira que está el teatro lleno. La gente nos va a linchar". Me convenció de salir al escenario pero no de actuar. Salí únicamente a dar las buenas noches y luego dije:

—Me voy porque estoy muerta de cansancio. El viaje ha sido muy pesado.

—¡He pagado mil pesos y no he visto nada! —gritó un espectador de la galería.

Me le quedé mirando y le respondí:

—¡Pues sepa usted que otros han pagado más y han visto menos!

En Lima tuve dos aventuras peligrosas, una en tierra y otra en mar. La primera durante mi *show*, en un cabaret ubicado en el piso 25 de un edificio. Estaba cantando y de repente vi que el piano de Chucho Ferrer patinaba y pensé: ¡Dios mío, está temblando y yo en las alturas! No fue un temblor sino un auténtico terremoto, pero en vez de huir seguí cantando como si nada. La gente se paró histérica y tuve que tomar el control de la situación: "Por favor, señoras, cálmense, no va a pasar nada, vamos a seguir la fiesta". Pasó el temblor y acabé el espectáculo con una gran ovación de pie. Al salir me caí sobre un sofá temblando de pánico y le pedí a Fanny un coñac para reponerme del susto. Ella pensaba que no había tenido miedo.

—Claro que sí —le dije—, pero no podía quedar mal con la gente si soy Doña Bárbara. ¿Cómo iba a echarme a correr?

La embajadora de Francia en Perú fue la culpable de mi aventura marina. Se llamaba Gina Saniel y había sido mi amiga en París. Un día fui a comer con ella a la embajada y me contó que Jacques Cousteau estaba en el Callao, preparando una exploración de la fauna marina del litoral peruano. Gina estaba invitada para embarcarse al día siguiente con el equipo de Cousteau y me propuso que la acompañara. Quedamos de vernos en el muelle, pero Gina faltó a la cita y yo tuve que subirme sola al *Calipso*, la nave de Cousteau, equipada con aparatos de primera en investigación submarina; Jacques era mi *fan* y no sólo se alegró de conocerme en persona, sino que me invitó a bajar en una campana de vidrio al fondo del mar.

Me pusieron un traje de buzo muy entallado y descendí con dos camarógrafos a sesenta pies de profundidad. Fue maravilloso ver de cerca, frente a frente, a mantarrayas, delfines y tiburones, entre bancos de pequeños peces multicolores. Pero un tiburón tigre se molestó de que le tomaran la película y empezó a dar de topes contra la campana. Por poco me desmayo del susto. El vidrio se empezó a rajar y tuvieron que subirnos a toda velocidad, con el riesgo de que sufriéramos una descompresión. Afortunadamente no pasó nada, pero se me quitaron las ganas de volver a bucear.

En estos viajes tuve un romance con el único tipo de hombre que me podía aguantar el itinerario: un piloto colombiano. Era joven, fuerte, guapo y me seguía a todas partes en los aviones de la compañía Avianca, donde era el piloto estrella. Ganaba muchísimo dinero y estuve un poco enamorada de él, pero en un momento dado pensé que ése no era mi destino. Temí que si mi relación con él se ponía más seria, yo hubiera tenido que irme a Colombia o él hubiera tenido que venirse a México y ninguno de los dos planes me convenía. Le metí un poco de coco al asunto y me distancié de él.

Para entonces ya tenía de pretendiente a quien fue mi marido durante dieciocho años: el banquero Alex Berger. Lo conocí en los años cuarenta, cuando yo estaba casada con Agustín y él era esposo de una polaca divina que se llamaba Nastia. Nos presentó mi amiga Natasha Gelman. El tipo me gustó, pero en ese momento Agustín era todo en mi vida. No volví a tener noticias suyas hasta mucho tiempo después, en el festival de Venecia, donde me encontré a Natasha. Le pregunté qué había sido de Berger y me dio la noticia de que se había divorciado. Entonces ya está libre —pensé—, pero ¿cuándo nos volveremos a ver? Volaron los años y un día coincidimos en México en una fiesta. Lo vi atractivo, inteligente, simpático y no tuve inconveniente en aceptarle una invitación a cenar. Mientras filmaba *Canasta de cuentos mexicanos* me fue conquistando con su carácter amable y firme a la vez, con su aureola de hombre cosmopolita, con su fineza en el trato y su sentido del humor. Le di el sí a la primera que me propuso matrimonio y nos casamos el 22 de diciembre de 1956 en un juzgado de Curbevoir, en las afueras de París. A la boda no asistieron periodistas porque Alex era enemigo de la publicidad.

Cuando la noticia llegó a México se atrevieron a decir que me había casado con él por su dinero, por interés. Me dio mucha rabia y furiosa me encerré en mi cuarto para hablar conmigo misma, como lo recomendaba el amigo hindú que me había enseñado a respirar en Guadalajara. "Cuando te sientas mal —decía— enciérrate en tu cuarto y habla contigo misma en voz alta." Así lo hice, frente al espejo. Aquella vez me pregunté con absoluta sinceridad: María, ¿es cierto que te casaste por interés? Nadie podía oírme, no tenía por qué ocultar mis sentimientos en la soledad. Y me veía y me veía en el espejo pensando en todo lo que era y cómo era. Pero vaya, si no estoy fea, soy guapa, muy guapa, tengo cartel, no estoy bizca ni tuerta, tengo mi sitio, gano buen dinero. ¡Cómo voy a haberme casado por interés? Soy un buen partido para cualquiera. ¡Claro que sí! ¡Pero si pensándolo bien soy un partidazo! ¡Están locos, qué me voy a casar por interés ni qué nada!

Y la verdad, para ser justos con Alex, él tenía muchos atractivos aparte de su dinero. Hablaba rumano, turco, ruso, francés, alemán y español, porque desde niño las circunstancias de la vida lo obligaron a vivir en diferentes países. Nació en Bucarest, se educó en Austria, y al estallar la Guerra Mundial se nacionalizó francés. Cuando los nazis iban a invadir Francia emigró a México con su mujer y unas tías. Aquí puso negocios con el rey Carol, que también había huido de Europa y vivió unos años en Coyoacán. Los padres de Alex habían sido inmensamente ricos. Él siempre lo fue, pero nunca llegó a reunir una fortuna tan grande como la que tuvo su familia en Rumania.

Para vivir con un hombre necesito verlo como un gigante. No me preocupa si es un gigante para los demás: lo importante es que lo sea para mí. Alex lo era. Con él aprendí muchas cosas. Lo admiraba por su generosidad, por su astucia en los negocios. A puerta cerrada era fabuloso, en público tenía un encanto que cautivaba a la gente. Con él llevé una vida muy armoniosa. Lo que pido de un hombre es que su compañía sea agradable y su comportamiento varonil. Yo duré dieciocho años casada con él y siempre tuve un ambiente de amor, alegría, gentileza.

Respetaba mi carrera como ningún mexicano lo hubiera hecho. Nunca me dijo "no hagas esta película" ni mucho menos me pidió el retiro. Nuestra vida de pareja iba por un lado y el trabajo por el otro. Cuando llegábamos a un aeropuerto y la prensa me reconocía, se apartaba discretamente de los fotógrafos. Alex me decía *Puma*, seguramente por lo dócil que soy y lo fácil que resulta mi carácter. Pero a pesar de mi genio le hacía la vida ligera y feliz, porque en una relación de pareja no se puede ser arrogante de tiempo completo. Un hombre no puede adorar a quien lo humilla y Alex a mí me adoraba porque fui con él una compañera que no se ponía por encima del hombre.

Tenía extrañas relaciones con el dinero. Para Alex no era difícil gastar en un Rolls, en un diamante, cambiarse de un chalet a otro, hacer un viaje. Todo lo fastuoso no le representaba ningún problema. En cambio, muchas veces economizaba en un par de pantuflas. El lujo le parecía ridículo en las cosas simples. Era enemigo del faroleo. Por eso vendí mi casa de Catipoato cuando me casé con él. Era demasiado aparatosa y él veía el dinero como un medio para tener comodidad y disfrutar de la vida, no como un medio para llamar la atención. Le chocaba el ambiente conventual de la casa, y como tenía sus oficinas en el edificio Guardiola, enfrente de Bellas Artes, no podía estar yendo y viniendo hasta Tlalpan todos los días. "Vende tu palacio y guárdate el dinero", me dijo. Le hice caso, pero en vez de añadir mi pobre caudal a su inmensa fortuna, me construí la casa donde ahora vivo. Cuando empecé a llenarla de antigüedades Alex me dijo: "Dale gracias a Dios que esta casa sólo tiene un piso, porque con todo lo que has metido ya se te hubiera caído encima".

Una de las cosas que más le agradezco, y la que más me sorprendió en él por contraste con mis maridos mexicanos, era que no tenía celos de nadie. No tenía celos y además era hombre de una sola mujer. Quizá por eso tenía tanta confianza en sí mismo. No me vigilaba como sabueso ni veía como rivales a mis ex maridos. Agustín Lara se hizo amigo de la casa. Otro en su lugar no lo hubiera permitido, pero Alex era tan mundano y tan inteligente que hasta nos dejó hacer una gira juntos.

El señor Frank Fouce, propietario del Million Dollar de Los Ángeles, le propuso a Agustín que me presentara con él en su teatro. Yo no quería ir, pero Alex me animó: "Ándale, ve, no seas terca, el músico poeta necesita dinero. Todavía está pagando el collar de rubíes que te regaló, ¿por qué no vas?" Total que fui a la gira y surgió una rivalidad entre Agustín y yo. Él tenía muchos gatos en la barriga y se puso de mal humor porque me aplaudían más que a él. En uno de los *shows*, con el teatro lleno, para ponerme en ridículo delante del público me cambió el acompañamiento. Estaba cantando *Solamente una vez* y de repente se puso a tocar en el piano *Granada*. Lógicamente me descontrolé, pero en vez de obedecer al piano seguí cantando *Solamente una vez*. Al terminar el *show* le pedí a Fanny Schatz, mi representante, que lo pusiera como camote. Ella fue a su camerino y le dijo:

—Maestro, por favor, usted sabe que María no es cantante. No es justo que usted le cambie la tonada enfrente del público, que no es sordo.

Entonces él se puso en plan orgulloso:

—¿Ah, no? ¿Entonces por qué canta mis canciones?

Fanny me trajo el recado y le advertí por el mismo conducto que si no me tocaba bien, cuando él saliera a llorar yo iba a salir del otro lado a reírme de sus lamentos.

Al día siguiente Alex me alcanzó en Los Ángeles, porque no se quería perder el espectáculo de vernos juntos, y le tocó un pleito muy sabroso. Agustín ya no me cambió la melodía, pero tocaba las canciones en otro ritmo, acariciando las teclas muy despacito, y yo no sabía cómo emparejarme con él. Entonces ya no me aguanté el coraje y a la hora que le tocó cantar su "Acuérdate de Acapulco" yo me reí en su cara como diciendo: ni me acuerdo de Acapulco ni nada. Alex tenía un gran sentido del humor y se divirtió de lo lindo con el desgarriate aquel, pero yo estaba hecha un manojo de nervios. Fumé tanto que acabé con los pulmones deshechos y al final de la gira me quité el cigarro. Lo dejé de un día para otro, a puro valor mexicano. Y como pasa con muchos ex fumadores, después ya no podía soportar el humo. Eso con Alex era un problema, porque él tenía el vicio del puro. Comenzaba a fumar desde el desayuno y a mí el olor me enfermaba. Entonces me dijo el doctor que había dos caminos: o mi marido dejaba el puro o lo tomaba yo. Así que en vez de poner mala cara, me aficioné yo también al puro, y hasta la fecha conservo ese hábito, como un homenaje a él.

Le tuve paciencia porque dije: más vale que fume aquí en su casa a que se vaya a fumar a otra parte. En un matrimonio quien da el pan da la ley y hay que hacer concesiones de vez en cuando. Sobre todo con Alex, que era un novio permanente. Me facilitaba las cosas, estaba pendiente de mí todo el tiempo, le concedía una enorme importancia a los pequeños detalles de la vida. Yo tenía mi casa en México, él tenía un departamento en París. No teníamos vidas paralelas, vivíamos en diagonal. Yo hacía mis películas y él sus negocios. Nos complementábamos pero sin la asfixia del trato diario. Lo recibía en la casa como una visita, como un amigo querido, y así nunca tocábamos lo cotidiano. Amar para mí significa estar a gusto con una persona, que se me pase el tiempo rápido. Alex pensaba lo mismo y sabía disfrutar la vida a niveles muy altos. Gozaba la comida, los viajes, la noche. Gozaba mis éxitos como si fueran suyos.

De mí, Alex aprendió a ser egoísta. Cuando lo conocí se preocupaba demasiado por las opiniones de los demás. "Hazle caso a tus propios demonios —le decía yo—, no te fijes en lo que piense el de junto." Y lo hice cambiar tanto que me superó en ese terreno, porque llegó a tener un egoísmo tremendo. También le di brillo. A ciertas mujeres les molesta que su marido las presuma como un trofeo, a mí no. Me daba gusto entrar de su brazo al hipódromo o a una cena de banqueros y llamar la atención. Ésa era mi forma de apoyarlo y retribuirlo por el amor que me daba en la casa. Si estábamos bien acoplados en todo, ¿por qué no íbamos a estarlo hacia el exterior?

Hace poco fui a inaugurar en Jalapa una exposición de Antoine y me tocó escuchar a un tarado que dijo que Alex había sido contrabandista de armas. Lo puse en su lugar porque me dio coraje que dijera esas cosas de un hombre tan valioso. Alex fue un realizador que le hizo mucho bien a México. No especulaba con su dinero, lo ponía a trabajar en obras de beneficio social. Porque quien concibe el Metro capitalino, Monclova, el Infiernillo y todas esas obras, tiene que ser alguien y no un cajón de la basura.

Yo le ayudé en algunos de sus negocios. Cuando estaba en los preparativos para la construcción del Metro se reunía a desayunar con Bernardo Quintana, el regente Corona del Rosal y los ejecutivos de la empresa Alstom. "Siéntate cerca de nosotros —me pedía— para que escuches toda la conversación." Yo me sentaba en una salita pegada al comedor y oía todo muy atenta. Era fascinante seguir los razonamientos de aquellos hombres tan inteligentes para lo suyo. Tengo una mente cromática, y cada vez que alguien intervenía yo veía sus ideas de un color distinto, verdes, amarillas, rojas. Era como un laboratorio de cerebros en plena ebullición. Después iba con Alex y le daba mi opinión de todo lo que había oído. "Gracias —me decía—, cuando una mujer es inteligente, sus consejos valen oro."

Mi primer y único parto me había parecido un horror, una verdadera masacre. En aquel momento no había los vapores de la anestesia y era cosa de parir a calzón quitado. Ningún ser humano se merece semejante dolor. Me prometí nunca volver a experimentarlo, pero por Alex anulé mi promesa. Él había sido hijo único, sufrió mucho en la infancia por la falta de hermanos. Nastia, su primera mujer, adoptó una niña que Alex nunca quiso. Yo le quise dar un hijo de su sangre, aunque no tuviera vocación para la maternidad. Estaba embarazada de dos o tres meses y tenía el compromiso de hacer *Flor de mayo* con Jack Palance. Pensé que lo mejor sería cancelar la película, para no exponerme a un accidente, y se lo dije a Alex, pero él me convenció de que aceptara: "Es mejor para ti, te vas a distraer, hazlo. Todavía estás muy delgada, tu silueta no va a cambiar en unas cuantas semanas". Viajé a Topolobampo y sucedió lo que me temía. En una escena me resbalé, fui a caer de bruces contra unas rocas y perdí a la criatura. Nadie lo supo: sólo Alex, el médico y yo. Quedé un poco delicada y ya no le pude hacer su regalo.

Por esas mismas fechas tuve un gran éxito con *Tizoc*, una película que tampoco había querido hacer. Cuando Ismael Rodríguez me llevó el guión sentí que estaba fuera de papel. De virgen yo no tengo ni la punta del pie. Tampoco me parecía verosímil el personaje del indio. Le dije a Ismael Rodríguez: "No creo en Tizoc porque los indios no se peinan, ni caminan, ni hablan como él. Tizoc es un indio pendejo y los indios no son así, los indios son picudos, nos dan tres vueltas a ti y a mí. Tienes que pagarme mucho para que acepte". Ismael se quedó un poco desconcertado y me dijo: "Déjame reflexionar y contar mis billetes". Tuvo que hipotecar su casa para pagarme, y sólo di mi brazo a torcer a condición de que luego hiciéramos *La Cucaracha*, otro proyecto suyo al que sí le tenía mucha fe.

Todavía se me ponen los pelos de punta cuando veo esa ridícula escena en que Pedro Infante le canta a mi efigie: "Virgencita, ya estoy aquí, no ti vayas a incomodar". ¡Qué ridiculez! Sin embargo, la película causó mucho impacto en el pueblo. Hace unos años fui a ver a una de mis bordadoras a su casa en ciudad Netzahualcóyotl. La pobre se estaba muriendo y quise darle una alegría en sus últimas horas. Me quedé estupefacta al ver que tenía sobre su buró, con una veladora, la foto de *Tizoc* en que salgo vestida de virgen.

De Pedro Infante guardo un recuerdo afectuoso. Era un hombre con una preparación rústica. No se bajaba nunca de su pedestal de macho, pero tenía un ambiente de *charme*. Tuvo hermosos detalles conmigo. Un día se presentó en mi casa con un comedor estilo colonial que él mismo había tallado en su taller de carpintería. En la filmación de *Tizoc* me llevó a pasear en motocicleta y luego me regaló su guitarra. Antes de morir me llevó una serenata a Catipoato el día de mi cumpleaños. Pudimos haber hecho algo mejor en el cine. En la vida no teníamos casi nada en común, porque no sabía tratar a las mujeres de igual a igual.

Confieso que no he visto la mayoría de las películas de mi ciclo revolucionario. Cuando las hice vi algunos pedazos en copia de trabajo, pero ahora me da miedo verlas. Miedo a la decepción, a que no me gusten y ya no pueda corregir nada. Hay actrices que tienen el narcisismo o el masoquismo de grabar todas sus películas. Mi narcisismo consiste en no verlas. Consideré siempre que estuve muy mal fotografiada, salvo en mis trabajos con Gabriel Figueroa. Me lo dijo Alex Phillips, otro excelente fotógrafo: "Tú eres mejor en la realidad que en pantalla".

Para mí, hacer una película era una aventura, un riesgo, y por eso no me incomodaban las críticas negativas. Al contrario: las tomaba en cuenta para mejorar. Aunque ya tuviera treinta películas encima yo siempre creí que podía mejorar. Por eso exigía que donde yo trabajara me pusieran a los mejores actores dentro de las posibilidades del ambiente. Influía mucho en mis repartos, no al extremo de formarlos completamente, pero sí pedía a mi fotógrafo, al galán. Y como los productores eran mis amigos me hacían muchas concesiones. También intervenía en las historias. Creo que ahí estuvo el punto flaco de mis películas. Un Mauricio Magdaleno, un Revueltas, un Villaurrutia no se dan en maceta. En un momento dado me quedé sin escritores. Siempre estaba pensando que faltaba talento en los guiones que me ofrecían y para mí una película es primero que nada la historia.

En *La Cucaracha* hicimos un trabajo muy digno. Ahí colaboró en los diálogos Ricardo Garibay, y mejoró mucho la calidad. En las demás películas faltaba realismo. Yo sabía perfectamente que no daba el tipo de soldadera, pero eso era lo que me gustaba del cine: representar personajes diferentes a mí, quitarme la piel y ponerme otra. Ya había sido mujer sin alma, bailarina de cancán, niña rica. Me faltaba ser la mujer de abajo. Pero mi tipo no habría sido un problema si las películas hubieran reflejado lo que de veras fue la Revolución. Todo lo querían poner atractivo y la Revolución mexicana no fue así. Fue mucho más dura.

En *La Cucaracha* alterné por primera y única vez con Dolores del Río. Ismael quería darle el papel de Dolores a una debutante, pero como en la película nos disputábamos el amor del coronel Zeta exigí que la coestelar fuera una actriz de primera. Con Dolores no tuve ninguna rivalidad. Al contrario: éramos amigas y nos tratábamos con mucho respeto, cada una con su personalidad.

La conocí en los años cuarenta de una manera curiosa. Ella era actriz exclusiva de Films Mundiales y yo de Clasa, pero las dos compañías tenían sus oficinas en los mismos estudios y compartían al mensajero. Una vez le ordenaron que llevara un guión a mi casa y otro a la de Dolores, y el mensajero se confundió: a mí me tocó el de *Vértigo*, que era para ella, y a ella *La selva de fuego*, que era para mí. Leímos las historias y quedamos encantadas. A Dolores seguramente le halagó que siendo una mujer madura le ofrecieran un papel de jovencita donde tenía que salir ligera de ropa, como en sus mejores tiempos de Hollywood, y a mí me gustó que a pesar de mi juventud me ofrecieran un difícil papel dramático. Los productores descubrieron el error demasiado tarde, cuando ya estábamos entusiasmadas con los papeles equivocados, y para no defraudarnos aceptaron el intercambio.

Desde entonces nos caímos bien y nunca hicimos caso de los chismosos que trataban de enemistarnos metiendo cizaña de un lado y del otro. Éramos completamente distintas: ella refinada, interesante, suave en el trato. Yo enérgica, arrogante, mandona. Dolores me dijo muchas veces: "Tú no te pareces a mí para nada. Tú dices que yo tengo un comportamiento de princesa. Es verdad, así me educaron. Pero a mí me gustaría ser como tú: normal, sin esta diplomacia que tengo, que no es más que hipocresía. Ojalá pudiera decir las cosas de frente y con todos sus colores, como haces tú. Yo soy una hipócrita de marca mayor porque me porto siempre bien cuando desearía portarme de otra manera". Tampoco en la vida privada nos parecíamos. No llegué a ser su íntima, pero tengo la impresión de que Dolores se entregaba más que yo en el amor. Por eso la dejó plantada Orson Welles. A mí ningún hombre me hizo la vida pesada, porque nunca le aposté a uno solo todas mis fichas.

Entre mis películas revolucionarias recuerdo especialmente *La Escondida* por una jugarreta que le hice a mi amigo Roberto Gavaldón, el director. Hay una escena en la película donde yo tomo un baño de sales. Tardamos horas en hacerla y a mí se me enfriaba el agua.

—Oye, Roberto —le dije—, apúrate que voy a pescar una gripa.

Roberto ni caso me hizo y siguió hablando con el fotógrafo. Llegó el intermedio para comer. No pude probar bocado porque la escena todavía no quedaba a su gusto y se me podía cortar la digestión si volvía a meterme en la tina con el estómago lleno. Después de que todos comieron regresé a las burbujas y por fin la escena salió como Roberto quería.

Entonces lo llamé y le dije:

—Ya te demostré que soy una profesional, ¿verdad? Pues ahora sufre la venganza que te preparé por tratarme como una huarachuda.

Entonces empecé a pasar lista a los actores y a los técnicos del equipo, que ya estaban de acuerdo conmigo, y todos a su turno gritaron:

—¡Chingue a su madre el señor Gavaldón!

Tanto él como yo nos aguantábamos esas bromas porque éramos muy amigos. Lo quise mucho, especialmente al final de su vida, cuando le amputaron una mano gangrenada. Era un hombre cálido, amable, simpático, y uno de nuestros directores más talentosos.

La Escondida, *La Cucaracha* y *Juana Gallo* fueron películas difíciles para mí. Había mucha batalla, mucho polvo, mucho caballo. Me divertí más en *Café Colón*, por la música. Era un descanso salir de bataclana, bailando y cantando, en vez de revolcarme en las trincheras con el máuser al hombro. Algunos amigos de entonces me traían el coco revuelto con la idea de que hiciera una película de arte con un gran director. La oportunidad se me presentó en *Los ambiciosos*, donde trabajé con Gerard Phillipe y Jean Servais a las órdenes de Luis Buñuel. *Los ambiciosos* pudo haber sido una gran obra, pero desgracia-

damente hubo muchas discusiones con los productores y Buñuel tuvo que alterar el argumento con tanta frecuencia que
al final quedó irreconocible. La historia original era mucho
más interesante. Buñuel tenía un sentido del humor formidable. Nos entendimos muy bien y de ahí surgió una amistad
que se prolongó hasta su muerte. Luis quería hacer conmigo
una película que se iba a llamar "El monje", basada en una novela gótica de Mathew Gregory Lewis, un escritor inglés del
siglo XVIII. Era la historia de un moje español a quien hace
caer en pecado mortal una encarnación femenina del diablo.
Pero en el guión había muchas escenas de necrofilia y ningún productor se quiso arriesgar con un tema tan escabroso.

Cuentan por ahí que en la filmación de *Los ambiciosos* anduve de pique con Gerard Phillipe y que hasta lo mordí en una
escena de amor. Mentira: nos queríamos mucho. Incluso llegué
a visitarlo en su casita de Ramatuel, cerca de Saint Tropez.
Era la imagen de quien tiene clase, del amor a la vocación.
Ya estaba enfermo y demacrado cuando trabajó conmigo en la
película, y aún así conservaba su encanto. Cuando murió me
lo figuré tendido en su ataúd con el traje de Cid Campeador.

Me hubiera gustado ser el hijo de María Félix

Capítulo XII

RENACIMIENTO

De no haber sido María Félix, me hubiera gustado ser el hijo de María Félix, porque a Quique se le dieron las cosas más fáciles que a mí. Él aprendió de chico lo que yo tuve que aprender de grande. Y es un hombre muy dotado, con un sentido común admirable. Es actor porque tiene las suficientes tripas para serlo. Yo no acostumbro pedir consejos a nadie, porque prefiero equivocarme sola, pero a Enrique sí le consulto algunas cosas. A veces él me ha dicho: "¡Qué suerte tienes de tenerme, madre!" Y sí, es fabuloso tener un hijo como él.

Cuando Enrique estudiaba en Canadá hicimos un trato. "Mi moneda es el trabajo —le dije— y la tuya el estudio. Si sacas buenas notas yo te llevo de viaje a cualquier parte del mundo en tus vacaciones, y si tu calificación es muy alta puedes venir a verme con un amigo adonde yo esté." Comprendió mi lenguaje y siempre fue un estudiante muy destacado. Sus diplomas eran como cheques al portador. Hice una buena inversión con él, pues me ha devuelto con creces la educación que le di. Es mi mejor amigo. Me divierto mucho en su compañía porque sabe mucho de ópera, de literatura, de teatro, y heredó de mí el don de saber conversar. No es hijo de mami, como algunos creen. Trabaja por su cuenta, lucha como ser independiente. Yo no soy la que le consigue el trabajo: él tiene su propia carrera, su público, su cartel, y asume sus responsabilidades sin apoyarse en mí. Por ser hijo de quien es lo han considerado siempre rico, pero no es verdad, porque Enrique vive de su trabajo. Aprendió a valerse solo desde muy joven y desde entonces ya no me pide nada.

El colegio canadiense donde estuvo internado era una escuela casi militar, en que los muchachos aprendían a tener una disciplina. Por haber tenido esa experiencia con un hijo mío creo que hace falta educar con más disciplina a la juventud actual. El servicio militar era muy bueno cuando los muchachos sudaban la gota gorda y tenían que estar acuartelados un año. Ahora no sirve para nada. Y el resultado es que los jóvenes no tienen voluntad ni rigor consigo mismos, porque nadie les inculca el sentido del deber.

Enrique volvió de Canadá con una fuerza de carácter que le ha servido toda la vida. Estudió Ciencias Políticas en la UNAM con la idea de ingresar en el servicio exterior, donde podía aprovechar su dominio del inglés y el francés, y se graduó con las mejores notas; pero luego le gustó más el espectáculo que la diplomacia. Yo no quería que fuera actor, porque este oficio es uno de los más duros. Él veía todo fácil, sólo pensaba en los aplausos, la fama, el éxito. Cumplí con mi deber al advertirle que para él esa vida iba a ser muy difícil. "Vas a tener que ser mejor que yo —le dije—, más inteligente y más disciplinado para que te acepten, o de lo contrario vas a padecer un rechazo." Pero él se metió a la carrera con una dedicación asombrosa y con el tiempo se hizo un actor de primera. Ahora está feliz de que yo le haya permitido llevar su vida en la forma como él quiso.

Nuestro pacto ha sido respetarnos y no interferir en las decisiones del otro. En general, Quique siempre ha sido amable y respetuoso con los hombres que han estado a mi lado. No es un hijo celoso. Con Alex una vez tuvo una discusión por no sé qué tontería. No fue nada grave, pero yo le hablé muy claro:

—Mira —le dije—, yo contigo nunca me voy a pelear. Por muchas diferencias que tengamos, tú siempre vas a volver a mí. Vamos a estar juntos toda la vida, nuestros lazos no se van a romper. Pero si yo tengo dificultades con Alex, Alex se puede ir y no volver. Así que mucho cuidado con esta relación. Debemos cuidarla mucho. Si Alex tiene la razón, se la voy a dar a él; si la tienes tú, te la daré a ti. Pero evítame, por favor, el tener que estar haciéndola de réferi entre ustedes.

Por fortuna, cada quien hizo lo suyo para limar asperezas, y mi vida con Alex nunca se enturbió por un conflicto familiar. Fue una relación que trabajé a pulso para que todo marchara bien. Lo que muchas mujeres no entienden es que una esposa debe hacer concesiones y mantenerse atractiva para que un matrimonio salga adelante. Una parte fundamental de mi disciplina era el sueño. Más que el sueño el descanso, porque no todos los seres necesitan dormir la misma cantidad de horas. Yo, por ejemplo, no necesito dormir mucho, pero sí a fondo. Nunca he tenido la costumbre de tomar una siesta. Alex sí. Cuando íbamos de viaje a Italia, por ejemplo, donde hace un calor sofocante en verano, él se quedaba tumbado en la cama y yo me salía a ver iglesias o a recorrer tiendas. Por estar siempre en actividad continua, taloneando todo el santo día, tuve que aprender a darme descansos. Por ejemplo, para estar lista para una fiesta o cosas así, yo me tendía en el suelo diez minutos boca arriba y diez minutos boca abajo, mientras Alex escribía cartas o contestaba llamadas. Después del *relax* estaba como nueva para lo que viniera.

La música también me calma los nervios. Con Alex siempre había música en la casa. Él se había educado en Austria, cerca de Viena, y Viena es la ciudad de la música. Íbamos a conciertos muy seguido, también a la ópera. No dejábamos de ver nunca a la Callas, a la Cerquetti, a Renata Tebaldi, a todas las grandes. A mí me gustan todas las óperas, sean fáciles o difíciles. Wagner me fascina pero no le hago el feo a los italianos. Otra de nuestras aficiones era el golf. Es un juego para masoquistas. Alex iba todos los domingos al club, yo sólo de vez en cuando. Hay veces en que uno se cree genio en el golf, porque todo le sale como inventado: el *swing* es perfecto, la bolita va para donde quieres. Pero al día siguiente uno trata de hacer lo mismo y va a dar a la trampa de arena. Alex jugaba de dinero, yo no. Lo que me gustaba era caminar en el *green* y hacer ejercicio.

Dos veces al año salíamos de vacaciones y teníamos un pacto para decidir adónde íbamos a viajar: una vez le tocaba escoger a Alex y otra a mí. Cuando me tocaba elegir él era mi esclavo. En una ocasión, mi amigo Antenor Patiño nos prestó su yate y yo quise hacer un recorrido por las islas griegas. Alex detestaba el calor y hubiera preferido ir a cualquier otra parte, pero se tuvo que aguantar porque eran mis vacaciones.

Cuando él decidía, la víctima era yo. Le gustaba mucho pasar el verano en Cran Sur Ciel, un centro vacacional de Suiza donde jugaba golf con sus amigos. La primera vez que fuimos yo no conocía a nadie. Los tres primeros días me dediqué a comprar en las tiendas, pero llegó un momento en que me aburrí. Entonces puse un anuncio en el periódico local que decía: "María Félix, conocida actriz de cine (*Enamorada*, *La bella*

Otero, French-Cancan) busca *partenaire* para jugar canasta o backgamon". Esa misma tarde llegaron a verme como veinte personas y me pasé las vacaciones muy divertida.

En dieciocho años de casada con Berger nunca le pedí un centavo, teniendo cuenta mancomunada con él, porque los gastos chicos le molestaban. Yo nunca firmé un cheque: él falsificaba mi firma cuando hacía falta. Lo hizo tantas veces que, cuando murió, el banco me rebotó los cheques porque mi verdadera firma no cuadraba con la falsificada. Una vez, en México, vi una joya que me cautivó. Pero sólo costaba ciento cincuenta mil dólares, y por una cantidad así no quise molestar a Alex. Entonces, de acuerdo con la gobernanta de mi casa, elaboré un plan para sacarle el dinero a Alex sin tener que tomarlo yo de la cuenta. Alex tenía un bull dog que era su mejor amigo. Se llamaba *Panito* y vivía como rey en la casa, comiendo filete a diario y con un taburete especial que le mandamos hacer para que recibiera a las visitas cómodamente sentado. Alex lo sacaba a pasear todas las mañanas y viajaba con él a París. Nuestro plan consistió en secuestrar a Panito. Le pedí a Reina, la gobernanta, que se lo llevara a su casa y llamé consternada a mi esposo:

—Pasó algo terrible. Secuestraron a Panito. Esta mañana me hablaron por teléfono y piden un dineral: ciento cincuenta mil dólares.

—Pero ¿cómo en dólares? ¿Por qué no quieren pesos?

—No sé, pero quieren dólares.

—Bueno —me dijo—, entonces vamos a hacer un cheque.

—No, Alex, quieren el efectivo en la mano.

Tenía que pedírselo así porque de lo contrario habría quedado en ridículo cuando fuera a cobrar el cheque. Valerosamente, Alex se ofreció a llevar el dinero del rescate, pero lo detuve con otra mentira:

—Quieren que lo lleve personalmente yo. Si ven un hombre, Panito se muere.

Por fin me dio los dólares y la gobernanta devolvió a Panito. Alex, que había estado angustiadísimo, se puso feliz al verlo:

—¡Qué secuestradores tan educados! —me comentó—. Lo cuidaron muy bien. ¿Ya viste qué brillante tiene el pelo?

A veces Alex era el que se aprovechaba de mi amor al dinero. Una vez, en Acapulco, me ofreció ochenta mil dólares por subirme en el paracaídas y darme una vuelta por la bahía. No me gustaba nada eso de volar por los aires, pero la oferta era muy tentadora. Me treparon al paracaídas y como el piloto de la lancha resultó ser admirador mío, me dio una vuelta extra. Era más de lo que mi estómago podía soportar. Vomité desde las alturas a todos los bañistas de Acapulco y me bajaron muerta de miedo, pero feliz de haberme ganado el premio.

Con Alex iba muy seguido al box en París. Una vez, saliendo de ver no sé qué pelea, nos metimos a cenar al Pierre. Llevaba puesto un traje de pantera de Somalia y una gargantilla de rubíes. Me levanté de la mesa para ir al tocador y en el bar me caí de bruces. Los meseros me echaron por borracha, creyendo que una mujer tan exótica debía ser una tal por cual. Berger tuvo que ir a la calle por mí, pero se tomó el incidente a broma. Yo estaba furiosa y él doblado de risa:

—Tú no te das cuenta —me decía— de que contigo me divierto todo el tiempo.

En los años sesenta me fui alejando paulatinamente del cine. Antes filmaba dos o tres películas por año. En toda la década sólo hice otras seis, porque me volví más cuidadosa y exigente para escoger mis guiones. Alex no me alejó del ambiente, ni es verdad que haya preferido los círculos financieros a la farándula. Simplemente me harté de la mediocridad. Me ofrecieron muchas obras de teatro, pero tampoco me agradaba la idea de pararme en un escenario a repetir lo mismo noche tras noche. Mi hijo Enrique tiene esa pasión. Yo francamente no. Esas obras en las que el público necesita romperse el coco para entender algo a mí no me gustan. Y con los sueldos que pagan en el teatro, ¿cómo quieren que viva una? Todavía hice algunas giras de cantante, presentándome en el teatro Puerto Rico de Nueva York, donde hubo colas bajo la nieve para entrar a verme.

El empresario quiso prolongar mi temporada, pero tuve que regresar a México a filmar con Luis Alcoriza una película que primero se iba a llamar "Safo 63" luego se tituló *Amor y sexo*. Era el año 1963. La censura había aflojado un poco y Luis Alcoriza me preguntó si quería hacer un desnudo. Antes sólo había salido en una tina cubierta de espuma o enseñando la espalda, pero aquí sí me desnudé de la cintura para arriba. Se dijo que lo hice para demostrar que no había pasado el tiempo por mí, como si a mí me importara un comino la opinión de los demás. No, señor, hice el desnudo porque me dio la gana. Lo consulté con Berger y él me dijo: "Si te crees lo bastante guapa, adelante".

Fue mi último papel de mujer sin alma. Luego hice *La Generala* con el director Juan Ibáñez, de quien tenía mejor impresión antes de hacer la película que cuando la vi en copia de trabajo. Creo que el resultado no estuvo a la altura de sus ambiciones ni de mis esperanzas, aunque la película dejó un dineral en taquilla.

Pasaron dos o tres años en que no hice nada hasta que me propusieron actuar en una telenovela histórica. Se llamaba *La Constitución* y la produjo mi amigo Miguel Alemán Velasco.

Acostumbrada al ritmo del cine, donde se necesitan seis semanas de rodaje para una película de hora y media, me costó trabajo adaptarme a las prisas de la televisión, donde teníamos que grabar un capítulo diariamente. En la grabación me tocó sufrir algunos percances. Cuando grabábamos una matanza de indios yaquis en el Tepozteco, en una de cuyas escenas yo tenía que tirar un cohete, el técnico en efectos especiales que me enseñaba como prenderlo se puso nervioso, y el cohete me reventó en la mano. Sólo perdí la uña del pulgar izquierdo, pero Miguelito quería llevarme a México en ambulancia. No lo acepté. Pedí alcohol y vendas, me curé la mano yo misma, y al día siguiente continué trabajando como si nada. No me fui a México porque la secuencia era muy complicada, había miles de extras en la locación, y hubiera sido poco profesional de mi parte dejarlo todo tirado. Lo malo fue que al día siguiente, ya con la mano vendada, mi vestidora me trajo por error dos zapatos del mismo pie. Me di cuenta cuando ya estaba por salir a escena y tuve que aguantar una caminata larguísima con un tacón al revés.

La Constitución fue mi último trabajo profesional como actriz. En gran medida me aparté del espectáculo porque absorbía todo mi tiempo una nueva pasión: la pasión por los caballos.

Cuando yo me casé con Berger él ya tenía su cuadra. Lo único que cambió fue que la puso a mi nombre y como los caballos eran míos también era mía la responsabilidad de cuidarlos. Es mucho más difícil manejar una cuadra que hacer películas. En una película yo tengo el control de todo, pero no le puedo decir al caballo cómo debe correr para ganar un premio. El éxito de un caballo tampoco depende de su precio. Lo que uno compra es la sangre y la estampa del animal, pero no su corazón. El caballo sale bueno o malo, independientemente de lo que uno invierta en él. Comprar un caballo es como comprar un billete de lotería. Hasta después se sabe si uno le pegó al gordo o no. Para que una cuadra sea negocio, el secreto está en poner el caballo en valor y después venderlo.

Mi cuadra, la cuadra de María Félix, llegó a ser la más importante de Francia, pero los mexicanos ni se enteraban de los éxitos que tenía con mis caballos en los principales derbies de Europa. Gané el Derby de Irlanda en Dublín con un caballo que se llamaba *Malacate*, batiendo en su propio terreno a los irlandeses y a los ingleses. *Caracolero* ganó de punta a punta el Grand Derby francés del Jockey Club. Otro de mis estrellas, *Nonoalco*, fue el mejor caballo de Europa en carreras planas. Alex lo compró en treinta mil dólares y lo vendió dos años después en tres millones y medio. Le ofrecían más por él si no corría su última carrera en Longchamp. Yo hubiera preferido que lo vendiera a mayor precio, pero Alex quería verlo correr por última vez, y ahí ganó el Prix Round Point. En el Derby de Epsom, en Inglaterra, corrió como favorito contra los caballos más importantes del mundo. Aquí se entusiasman muchas veces con un sexto lugar en el campeonato mundial de futbol, pero es mucho más difícil estar en la cresta de la ola con un caballo que se coloca en el primer sitio de Europa.

Y es que en México el pueblo no es tan caliente para las carreras de caballos como en Francia o Inglaterra. Los caballos de aquí tienen tres patas y en el hipódromo hay mucha transa. De pronto los jockeys frenan el caballo o se van por afuera cuando pueden correr por el riel. En Europa no. Allá está vigiladísimo todo. Uno ve por televisión segundo a segundo los movimientos del jockey porque hay muchos intereses en juego. Al primero que haga una marrullería lo expulsan de por vida y no vuelve a montar.

Todos los caballos de mi cuadra tenían nombres mexicanos: *María Bonita*, *Mayab*, *Zapata*, *Pancho Villa*, *Chamuco*, *Actopan*, *Mocambo*. También les puse nombres de mis películas: *Doña Bárbara*, *Doña Diabla*, *Río Escondido*. Pero los nombres que me dieron más suerte fueron *Chingo* y *Verga*. Con ellos gané dos veces el *steeplechase* de París, porque desde su bautizo ya tenían la marca de ganadores. A los caballos de carreras planas los tenía en el hipódromo de Chantilly, en establos rodeados de jardines y bosques. Los de obstáculos estaban en el castillo de Maisons Laffitte, a unos veinte kilómetros de París.

Tuve un estupendo caballo de obstáculos que se llamó *Chakansoor*. Un día estaba corriendo en Auteuil a la cabeza del pelotón. Ya tenía ganada la carrera, pero en el último obstácu-lo metió la pata en un hoyo y se la rompió. Ahí mismo en la pista levantaron la bandera roja y me lo mataron de un tiro en mis propias narices. Esto sucedió en 1969 y desde enton-ces fue instituido en Francia el premio Chakansoor en honor a mi caballo, pero yo quedé tan impresionada que por mucho tiempo no quise volver a Auteuil. Entre mis jockeys recuerdo con especial cariño a Lester Piggot, que era el mejor de Ingla-terra. También tuve una mujer jockey, que además fue mi se-cretaria. Se llama Micheline Leurson y montó a *Malvado* en el Prix de la Reine Marie-Amelie. Me emocionaba tanto en cada carrera que, si por la mañana me ponía un pantalón entallado, en la tarde ya lo sentía flojo. Bajaba dos kilos de los puros ner-vios, porque para mí era una derrota quedar en segundo o ter-cer lugar: siempre deseaba el primero.

Mi vínculo espiritual con los caballos era tan fuerte que se comunicaban conmigo en sueños. Ya he dicho que desde jo-ven padezco sonambulismo. Pues estando yo dormida en mi chalet de Cauville, a unos doscientos metros de Maisons

Laffitte, donde tenía mis caballos de obstáculos, de pronto recibí en sueños un llamado de auxilio. Me salí en camisón de la casa, totalmente dormida, y caminé hacia el establo. Abrí todas las caballerizas y los animales salieron a correr felices por el prado. Era mi rutina de todos los días, por eso pude hacerlo inconscientemente. Después regresé a mi cama, seguí durmiendo y al otro día ya no me acordaba de nada. En la mañana vino un mozo de la cuadra muy asustado y me dijo:

—Anoche se incendiaron las caballerizas.

—¿Y los caballos? ¿Se quemaron?

—No, señora, parece que al cuidador se le olvidó encerrarlos.

Recordé como entre brumas mi salida nocturna pero no dije nada por miedo a que el mozo no me creyera. Más tarde le conté la historia a un doctor y me dijo que era imposible hacer tantas cosas sin despertar. Mi explicación de lo sucedido es que los caballos presintieron el peligro y me enviaron una señal para que los salvara del fuego. Suena fantástico, y lo es, pero hace falta tener un sentido mágico de la vida para comprender lo que la razón no acepta.

Mientras atendía mi cuadra de caballos en Francia, viajaba constantemente a México. No sólo me obligaban a ello las leyes francesas, que exigen a los extranjeros salir del país a los seis meses de residencia para renovarles la visa, sino la mala salud de mi madre. Chefa se vino a vivir a mi casa de México porque ya no aguantaba a mi hermana Paz. Tenían pleitos a cada rato y entonces yo le dije que mejor se viniera a vivir conmigo. Estuvo a mi lado doce años. Alex la protegió y siempre fue muy amable con ella. Tenía una fortaleza impresionante para su edad, pero cuando cumplió los 90 empezó a perder el equilibrio. En el año 1973 ó 1974 se cayó de la escalera.

Fui a verla, la llevé al médico y luego tuve que volver a París. Al despedirme le dije:

—Usted se va a cuidar, usted va a caminar con mucho cuidado, porque yo voy a irme muy lejos y no quiero que se vuelva a caer.

—Tú no te apures —me contestó—; si me tengo que ir, yo te espero.

Me fui, regresé a los dos o tres meses con Alex y el día que llegamos con Quique me dijo:

—Quiero cenar con ustedes. ¿Me permiten cenar con todos?

—Claro que sí, Chefa, seguro.

Cenó con todos, estuvo muy contenta. Al despedirse me dio su bendición, pero en vez de pasarme la mano por la frente me clavó la uña.

—Pero eso me hace daño —le dije—, ¡qué bendición tan cruel!

—Es para que te dure —me contestó.

—Sí, me va a durar, porque esto me va a dejar marca.

Se fue a su recámara y a los diez minutos estaba muerta. Fue muy impresionante. Sabía que se iba a morir y quiso dejarme una huella en la frente.

Las desgracias nunca vienen solas. Meses después de perder a Chefa cayó enfermo Alex. La última vez que salimos juntos —a una cena en el Maxim's— fue el 28 de octubre de 1974. Luego se le declaró un cáncer pulmonar y murió dos meses después, el 31 de diciembre. Alex no tenía religión, pero lo enterré con cruz y con una misa de cuerpo presente, porque no quise que se fuera tan desamparado a la otra orilla.

Desde que Alex se internó en el hospital yo me empecé a derrumbar anímicamente. Le pregunté al neumólogo que lo atendía, el doctor Chuvrac, que era una gran eminencia, si me podía dar algo para ver la vida de otra manera. Me recetó unas pastillas tremendas para dormir que se llaman Traxén, y cuando Alex murió ya no las pude dejar.

Sentí como si me quitaran el suelo de los pies y me fui al hoyo de la depresión casi un año. Adelgacé dieciocho kilos y lo peor fue que le perdí el gusto a la vida. No salía de mi departamento ni contestaba llamadas. Tomaba pastillas para dormir, para levantarme, para estar bien. En medio de esa crisis emocional se me vino encima el lío de la herencia. Cuando Alex murió yo no sabía si había dejado testamento o no, porque le disgustaba hablar de esas cosas. Una sola vez, cuando iba a firmar como testigo en la lectura del testamento de un socio, le pregunté si él no había pensado hacer el suyo. Creí que no me había hecho caso, pero mi comentario le cayó en la oreja, porque después de su muerte hallaron en la caja fuerte de su oficina una nota que decía "Para mi Puma". Era un testamento ológrafo en el que me dejaba todos sus bienes. Por ley, en Francia le corresponde a los hijos el veinticinco por ciento de la fortuna del padre, sean naturales o adoptivos. Yo no tenía inconveniente en dejarle su parte a la hija adoptiva de Alex, pero ella quiso el cincuenta por ciento y no me quedó más remedio que iniciar un pleito legal. Todo lo tuve que arreglar a base de pantalones, porque aun teniendo abogados de mucho prestigio necesitaba estar muy viva para que no me hicieran la *salamanie* o algún cubrimiento por debajo del agua. Al final quedé muy bien parada, pero el embrollo legal acabó con mis nervios.

Había perdido la estabilidad física y estaba muy delgada. Un amigo divino (un doctor mexicano muy importante) me dijo: "Si te quieres morir, yo te puedo ayudar, pero si quieres vivir, también te ayudo". Le dije que no me quería morir y me llevó de la mano a Rochester, a la Clínica Mayo, que es una de las mejores del mundo. Ahí les conté que había perdido dieciocho kilos y me dijeron: "¿Ah sí, pues dónde los dejó?" Se me habían ido con las pastillas. Fue lo primero que me quitaron, pero sin decirme nada. Me daban placebos para que trabajara la sugestión y yo me adormecía como si tomara tranquilizantes. Me enseñaron a dormir, me reconstituyeron físicamente con una dieta especial, y poco a poco fui regresando a la vida.

Claro que sin fuerza de voluntad, ningún tratamiento me hubiera sacado del hoyo. Cuando estaba en la lona tuve que tomar la decisión más crucial de mi vida: te vas de una vez al otro mundo, pensé, o te haces fuerte para aguantar éste. Decidí vivir, decidí pasarla bien, decidí salir adelante y que el sol volviera a brillar para mí. El enemigo más duro que he vencido es la depresión porque lo llevaba dentro. Fue una guerra de la mente contra el corazón.

De Antoine, cada pintura, una palabra de amor

Capítulo XIII

NUEVO AMOR

Al salir del sanatorio vendí todos los muebles de mis casas en México y en París cambié por completo la decoración. Había vuelto a nacer y necesitaba alegrarme el ojo con algo nuevo. Me había quedado con los ochenta y siete caballos de la cuadra en los brazos y tuve que dedicarles todo mi tiempo durante cinco años. Me levantaba a las cinco de la mañana para supervisar a los entrenadores, a los jockeys, a los *lads*. El trabajo disipó todos mis nubarrones de melancolía. Lo único que me faltaba para volver a la vida plena era un amante joven y no tuve que buscar mucho para encontrarlo.

El primer hombre que llegó a mi vida tras la muerte de Alex fue un joven de 22 años que estaba loco de remate. Yo era amiga de su padre, y cuando él supo que andábamos juntos me previno: "Ten cuidado con mi hijo. Está muy enfermo de la cabeza. Te va a matar". Su advertencia no me atemorizó. Al contrario: fue un aliciente para mí, porque para olvidar la muerte de Alex necesitaba una sacudida.

Por supuesto que mi loco no era un loco cualquiera. Era un loco guapo y además brillante. Estuve feliz con él un tiempo, me ayudó a olvidar mis problemas, me quitó las tensiones, pero de quererlo nada. Como persona dejaba mucho que desear. No tiene caso mencionar su nombre, porque ya no existe para mí. Era como un objeto bello que se había quebrado y no volvió a quedar bien después de pegarlo. Tenía algunos pedazos intactos, pero que no embonaban unos con otros. Lo encontré loco y a mi lado enloqueció más aún, porque se topó con una voluntad más fuerte.

El poema que me compuso, *Jel'aime a mourir*, es todo un himno al amor sumiso. Él quería escribir un poema describiendo mi ambiente, contando un poco mi vida y la forma en que lo trataba. "Todo lo que siento —me dijo—, lo que muchas veces no puedo expresar porque me da coraje y cólera te lo voy a decir aquí." Me pareció muy bonita su idea y entonces le ayudé a escribirlo: "Mira, en lugar de ponerle esto, pues yo pienso que le podrías cambiar así o asá", y al final quedé muy satisfecha con el resultado.

Pasaron los años y un día que yo estaba en París viendo la televisión, de pronto escuché una canción cuya letra era el poema que me había escrito. Seguramente lo vendió en un momento de apuro, porque siempre andaba mal de dinero, y el vivales que se lo compró dijo: "Aquí hay algo bonito, voy a ponerle música". El caso es que la canción tuvo un éxito formidable. Fue primer lugar en el *hit parade* de Francia.

Tengo un don especial para inspirar canciones bonitas. En mi adolescencia, los trovadores de Guadalajara me dedicaron muchas coplas de amor que nunca guardé. Y aparte de Agustín también me escribieron canciones Cuco Sánchez y José Alfredo Jiménez. José Alfredo estaba enamorado de mí. En una fiesta se me declaró, yo no le di ninguna esperanza y entonces me compuso *Ella*. Pedro Vargas la estrenó en Buenos Aires cuando yo estaba por allá de gira. Los compositores jóvenes también me han rendido homenaje. A finales de los setenta Juan Gabriel me dedicó una canción donde me comparaba con la Virgen María. La estrenó en el programa de Raúl Velasco y se armó un gran escándalo porque a una parte del público le pareció blasfema. Estoy muy agradecida con Juan Gabriel, pero me parece que cometió un error al ponerme en un mismo plano con la madre de Dios.

Alex decía que el mejor negocio para una mujer sola es no hacer negocios. Tenía toda la razón. Por eso desde su muerte yo no he querido emprender negocios por mi cuenta. Sólo cuido lo que tengo con la ayuda de mi hijo Enrique. Vendí la cuadra de caballos hace como diez años porque llegó un momento en que me resultaba difícil administrarla. Desde entonces tengo más tiempo para dedicárselo a mis amigos de México y de París.

Yo he tenido siempre amigos homosexuales porque a mí no me interesa para nada lo que una persona haga de la cintura para abajo. Las relaciones de amistad son de la cintura para arriba y a mí no me concierne estar juzgando a los demás por su vida sexual. Es horrible lo que está pasando ahora con el azote del SIDA. Parece una defensa de la naturaleza contra la explosión demográfica. He perdido a más de cuarenta amigos por esta maldita epidemia. Uno de ellos era un muchacho divino de Suiza que se llamaba Danny, muy guapo, muy rico y de una sensibilidad extraordinaria. Aunque se proclamaba homosexual abiertamente, quería casarse conmigo: "¿Para qué? —le decía yo—. No te necesito para nada". Y él insistía: "Para estar contigo siempre". Lo quería tanto que muchas veces, cuando yo viajaba a México, le daba un extra a mi criada de París, por si Danny quería pasar unos días en la casa. Se fue en plena juventud y la noticia de su muerte me cayó como un yunque.

En el tiempo en que estuve casada con Alex tenía que recibir a mucha gente en la casa, por sus negocios y por el ambiente de los caballos, donde hay una vida social muy intensa. Mi cuadra de Chantilly estaba junto a la del príncipe Alí Khan y como buenos vecinos teníamos que vernos de vez en cuando. Al enviudar me alejé un poco de la vida mundana, donde la gente se la pasa compitiendo por todo. Han muerto la mayoría de mis amigos, lo mismo en París que en México, y he tenido que renovar varias veces mi círculo de amistades, pero nunca me han gustado las relaciones públicas. No entiendo a la burguesía ridícula y advenediza que paga por salir en el *Hola* y tampoco me gusta explotar mi fama como los duques de Windsor, que piden cantidades tremendas a los petroleros de Houston por asistir a sus fiestas. De ahí a la prostitución hay un paso muy corto.

Una vez en Nueva York unos ricos puertorriqueños me ofrecieron cincuenta mil dólares por ir a una fiesta suya.

—¿Y qué tengo que hacer? —les pregunté por curiosidad.

—Nada. Simular que es íntima amiga nuestra y dejarnos presentarla con la gente de la colonia hispana.

—Pero tengo cuatro amigos que están conmigo —les dije para zafarme.

—No importa —insistieron—. Venga con toda la gente que quiera.

El paquete incluía una fiesta de gala en su casa de Nueva York, una comida en Atlantic City en el casino de la familia y luego un coctel en la playa. Era todo un trabajo, pero me pareció aberrante. Yo voy gratis a las fiestas de mis verdaderos amigos, pero no puedo estar sonriéndole a gente que ni conozco.

Uno de los pocos amigos mexicanos que me quedan es Jacobo Zabludovsky, a quien estimo y admiro muchísimo. Gracias a personas como él tenemos en México una televisión a la altura de las mejores del mundo. Con Zabludovsky he pasado veladas maravillosas oyendo tangos. Es un gran conocedor del género y tiene discos de colección. La gente ha inventado que yo tuve dificultades con él y que una vez le llamé a su programa para decirle cosas feas. No sé de dónde vino ese rumor, pero es completamente falso. Estimo a Jacobo y me parece uno de los pilares de la televisión. En tantos años de ser el número uno jamás ha perdido su aplomo, su elegancia y ese profesionalismo que le ha valido el respeto de toda la gente.

A últimas fechas me he quedado con poca gente, pero tengo la suerte de contar con una amiga estupenda, con la que me siento muy protegida, porque se preocupa mucho por mí. Se llama Estela Moctezuma. Con ella me divierto mucho porque tiene un carácter muy alegre y una inteligencia extraordinaria.

En París tuve una amiga muy querida que se llamaba Trude de Ribbon. Era alemana y estaba casada con un chileno de mucho dinero. Una vez fuimos a cenar a uno de esos restaurantes que cierran tarde, y en una mesa cercana vi a Greta Garbo, la única actriz del mundo a la que he admirado. Le dije a Trude: "Mira quién está ahí, es Greta Garbo". Resultó que ella la conocía y me dijo: "Si quieres te la presento", pero no quise porque yo sabía por experiencia que no es agradable ser reconocida en público y saludada por gente extraña.

A Greta la adoré desde mi adolescencia. Me gustaba su personalidad y me gustaba físicamente. En cambio Marlene Dietrich —a la que sí traté— no me parecía nada sensacional. Tal vez por eso no me atreví a hablar con la Garbo, para que no se me derrumbara un mito. En otra ocasión la vi en la Quinta Avenida parada frente a un aparador. Yo me detuve al reconocerla, hice como si viera la vitrina y por un momento estuvimos nariz con nariz. Pero no le hablé. A lo mejor ella me conocía de oídas, pero por timidez no pude abordarla en la calle.

En cuanto a los galanes de Hollywood, el que más me gustaba era Steve Mcqueen, que hace unos años murió de cáncer. No fue mi amigo pero coincidimos en alguna fiesta y me atraía muchísimo. Solamente lo disfruté en sus películas. Me parecía un hombre muy *sexy*, no porque fuera bonito, sino por el ambiente que lo rodeaba: un ambiente de seducción y de virilidad. También me gustaba un poco Robert Redford, pero el día que lo vi de cerca en Los Ángeles me decepcionó. Estaba comprando en una tienda de Rodeo Drive y nos encontramos en la puerta cuando él salía. Me pareció un gringo desabrido y sin chiste.

El cine actual ya no tiene figuras como la Garbo y como yo. Estoy consciente de ello y por eso he querido contribuir a la superación del cine mexicano, que en los últimos tiempos ha ido de mal en peor. Hace diez años me propusieron filmar *Toña Machetes*, la novela de Margarita López Portillo. Acepté porque el personaje me pareció hecho a mi medida, como si Margarita se hubiera inspirado en mí. Se hicieron varios tratamientos del guión, yo pedí que se incluyera una escena de magia negra en la película, como homenaje a *Doña Bárbara*, y algunas tomas de mi vida en París, para subrayar la semejanza del personaje conmigo. Ya estaba todo preparado para empezar el rodaje, incluso fui a Guadalajara con Gabriel Figueroa a escoger locaciones en la hacienda de La Escoba, que yo conocía desde niña, pero de pronto Margarita tuvo el capricho de que dirigiera la película el español Carlos Saura en lugar del mexicano Raúl Araiza. En ese momento ella era directora de RTC y entre sus lambiscones había un cocinero español que no sabía nada de cine, quien seguramente le metió esa idea en el cerebro. Hablé con Margarita y me opuse terminantemente a que una película tan mexicana fuera dirigida, fotografiada o actuada por extranjeros.

Había cobrado tres millones de entonces por adelantado y Margarita me pidió que se los devolviera, pero mi contrato estipulaba que si la película se cancelaba, yo me quedaría con el anticipo. Eso la sacó de quicio, porque se había ensoberbecido con su puesto, y estando yo en París mandó a unos judiciales a mi casa de Polanco con una orden de embargo. Por fortuna ahí estaba Raúl, el cuidador de la casa, y me habló por teléfono a París:

—No los deje entrar —le ordené—, y si es necesario écheles bala.

Desde París me comuniqué a la ANDA con David Reynoso, que entonces era nuestro secretario general, y él habló con Margarita para exigirle que retirara a los judiciales. Como hermana del presidente, Margarita tenía demasiado poder y abusaba de él con mucha gente, pero yo no me dejé. Todavía no entiendo cómo pudieron darle una responsabilidad tan grande a una señora que no sabía nada de cine.

Después de esas arbitrariedades cualquiera se habría negado a participar en otra película mexicana, pero yo estuve dispuesta a hacerlo por amor a mi profesión. Hace cuatro o cinco años me contrataron para filmar *Eterno esplendor*, una película basada en *Los papeles de Aspern*, que iba a dirigir Jaime Humberto Hermosillo. El proyecto se anunció con bombos y platillos en una conferencia de prensa, pero a la hora de la hora los productores no quisieron o no pudieron hacerla y otra vez me pagaron por nada. Sin embargo, yo sigo dispuesta a trabajar en el momento en que me ofrezcan algo bueno. Quiero ayudar con lo que esté de mi parte al resurgimiento de nuestro cine. Es increíble que no levantemos cabeza con todo lo que se ha derrochado en los últimos años. Cuando Rodolfo Echeverría estuvo al frente de la industria gastó millones de dólares en traer a Charlotte Rampling y a Peter O'Toole para que su cuñado dirigiera una película horrible. Del nuevo cine mexicano casi no veo nada. Hace poco me trajeron una copia en videocaset de una película de Hermosillo filmada con cámara fija en un cuarto de baño. Me pareció de muy mal gusto y estuve todo el tiempo con los ojos cerrados. No creo que por ese camino podamos recuperar el prestigio que tuvimos hace cuarenta años.

Durante algunos años había deseado encontrar a un hombre joven y guapo que además fuera inteligente y pensaba que tal vez podía ser pintor. Pero ¿cómo vas a encontrarlo —pensaba yo—, si el producto más difícil que te puedes encontrar en la vida es un hombre? La mayoría son homosexuales, los demás están casados, y cuando hay un hombre suelto las mujeres lo lazan con mecate de barco. Pero corrí con suerte y tuve el privilegio de encontrar a un pintor de enorme talento. Se llama Antoine Tzapoff y es mi compañero desde hace doce años.

Lo conocí primero por su trabajo. Tengo un amigo francés —André— que es experto en arte negro y pintura. André me acompañó a Nueva York a una exhibición de modas organizada por otro amigo mío, Frederic Castest, el director de pieles y diseños de la casa Dior. Iban a presentar una colección de trajes y modelos de estilo mexicano y con ese motivo Frederic me llamó para tomarme unas fotos con chales y vestidos inspirados en el atuendo de los huicholes. La mejor foto fue una en que salía con un chal en la cabeza. Al verla me dijo André:

—Tengo un amigo pintor y si me das esta fotografía verás qué pintura hace.

Le di la foto sin tomarlo en serio y meses después, en París, me habló para avisarme que ya tenía la pintura.

—¿La quieres ver? Está bonita. Ven a cenar a mi casa.

Acepté la invitación y ahí estaba la pintura. Me pareció bonita, muy expresiva y bien delineada. Pensé que André me la iba a regalar pero no fue así. Poco tiempo después me habló por teléfono:

—El pintor va a venir a cenar a la casa. Te invitamos.

Fue la primera vez que vi a Antoine. Me pareció muy atractivo pero al principio sólo me interesé en su pintura. Le pedí que me hiciera un retrato igual para tenerlo en mi casa.

—André tiene la fotografía en su escritorio; tómela usted.

Sacó la foto clandestinamente y empezó a trabajar. Luego me pidió que posara para él, porque necesitaba hacer unos retoques. Salimos a cenar algunas veces y ahí empezó a gustarme en serio. Cuando terminó la pintura, André me preguntó cuál de las dos era más bonita.

—No sé —le dije—. Préstame la tuya para compararlas.

Ya no se la devolví. Ahora está en un panel de dos caras que yo misma diseñé, donde se pueden ver ambas pinturas al mismo tiempo.

Antoine es una de las personas más fabulosas que he conocido. Tiene cultura, disciplina, talento y un gran sentido del humor. Como pintor me parece magnífico, por su técnica y su colorido. Tiene la cualidad de ser perfeccionista en sus cuadros, como yo en mis películas. No se estanca en un estilo: siempre busca mejorar y lo consigue a fuerza de trabajo. De cariño le digo *Gato*, porque tiene rasgos felinos. Lo que más admiro de él es la dedicación y el temple que ha tenido para abrirse camino en el difícil ambiente de las artes plásticas. Consigue todo lo que se propone, y cuando hace una exposición, sus cuadros se venden en un santiamén. Desde niño se interesó en los indios americanos y ha estudiado sus costumbres y religiones para poder pintarlos. Gracias a él yo he comprendido mejor a los huicholes, a los yaquis, a los otomíes y a todos los grupos étnicos del país. Trabajó tres años sin afán de lucro para preparar una exposición sobre las razas de América que se inauguró en el Palacio de Minería y ha recorrido varias plazas de México. "Es un regalo a tu pueblo —me dijo—, una ofrenda que yo quiero hacerle a esa gente maravillosa."

El carácter de Antoine parece muy suave, pero en realidad tiene una voluntad de hierro. Es parisino de nacimiento, pero de ascendencia rusa, y tiene esa manera de ser eslava que no se le puede quitar. Muy rara vez demuestra su afecto. Yo una vez le dije: "Dime que me quieres aunque no sea verdad". Él respondió: "¿Y las pinturas que te he hecho no son palabras de amor?" Me dejó callada porque, en efecto, sus pinturas lo dicen todo sin palabras. Hay una en especial que es como una declaración de amor. Yo tenía un medallón con la imagen del Papa Pío XII. Un día se la di y le dije: "¿Por qué no pintas algo en este medallón y quitamos al Papa?" Entonces me hizo una especie de emblema donde están de un lado su ojo azul y del otro mi ojo negro con nuestras iniciales.

De Antoine me gusta todo, hasta sus defectos. Es encantador como artista y como persona. Su juventud me alegra el espíritu. Habría sido estúpido de mi parte que me buscara un hombre de mi edad. Nunca lo hubiera encontrado tan guapo y tan vital como yo ni me divertiría tanto con él. Antoine ha sido para mí el premio gordo de la lotería: un producto humano que no se encuentra fácilmente. El amor es un estado de gracia y yo me mantengo en él desde que lo conozco. Él me da más de lo que yo le doy. Amar es una falta de egoísmo y yo tengo el ego más robusto del mundo. Antoine no. Gracias a él he mejorado en muchos aspectos. La inteligencia y la tontería son contagiosas. A los tres meses de andar con un pendejo no hace una más que idioteces. Pero con un hombre de su cultura la vida se vuelve atractiva, deslumbrante, placentera. No sé si es el hombre que más me ha querido, pero es el que me ha querido mejor.

Con Salinas el país ha mejorado

Capítulo XIV

EL ESPECTÁCULO DEL PODER

En mis ideas políticas he cambiado mucho. Antes creía más, me entusiasmaba con los grandes líderes. Ahora veo la política desde lejos y me parece un espectáculo como el cine, donde hay buenos y malos actores. Me inquieta, sin embargo, la enorme transformación que está ocurriendo en el mundo. No soy conservadora: lo que me preocupa es que vamos de mal en peor. ¿A dónde vamos a llegar con la explosión demográfica inmensa que hay en el mundo y con la pobreza que tenemos en México?

Aun cuando soy una mexicana del mundo, siempre he sido una enamorada de mi país y me choca la gente que sólo ve nuestra mala cara. Yo no le veo los defectos al pueblo de México, sino a sus gobernantes. Creo que le podrían dar más oportunidades a la gente. De lejos las cosas tienen otro color y se juzgan de diferente manera. Yo he visto que mi país en lugar de ir para adelante se fue para atrás. Nos han hundido la corrupción y la frivolidad de los gobernantes que se obnubilan con el poder y sólo escuchan a su grupito de lambiscones. Por eso yo pediría que en primer lugar se limitara el poder de los presidentes. He conocido a varios que llegan al poder muy cuerdos y acaban enloquecidos. Yo puedo tener mis veleidades y mis caprichos sin afectar a nadie. Pero las veleidades de un señor presidente pueden arruinar a todo un país, como sucedió con Echeverría y, peor aún, con López Portillo.

A lo largo de mi vida me ha tocado conocer políticos de toda laya: desde pulgas hasta gigantes, pasando por los de medio pelo. Todos actuaban, sólo que unos bien y otros mal. De niña admiraba mucho al general Obregón. Era amigo de mi padre, quizá por eso le tengo estima. Mi familia salió de Álamos por la Revolución. A mí no me toco vivirla, pero me han contado cómo fue. Los diferentes bandos entraban al pueblo y mi padre tuvo en varias ocasiones experiencias difíciles. Unos lo querían matar por creerlo partidario del enemigo, los otros también. Huyó del pueblo porque no había seguridad para la familia y se dedicó a la siembra, pero tuvo malos resultados. Un año no pudo cosechar y al siguiente se le quemaron todas sus semillas, que venían de Estados Unidos y no estaban aseguradas. Entonces fue cuando el general Obregón se dio cuenta de que su amigo Bernardo estaba en problemas y le mandó un telegrama para decirle que lo necesitaba en su gobierno. Mi padre le contestó: "Yo no te serviría de nada porque no soy político". Al conocer su respuesta, Obregón le mandó otro telegrama: "No te quiero para la política sino para que cuides mi hacienda". Y a partir de entonces mi papá trabajó en el gobierno.

No llegué a conocer a Obregón, pero fue una figura tutelar de mi niñez. Era un hombre que se parecía a mi papá en los bigotes y en el tipo neto de sonorense: alto, firme, echado para adelante. Lo recuerdo por el retrato inmenso que mi papá tenía encima de su escritorio, un retrato que presidía nuestra vida como en otras casas preside la imagen del Sagrado Corazón con gladiolas.

De otras figuras de nuestra historia sólo puedo hablar por lo que he aprendido en los libros. Siento más afecto por Maximiliano que por Benito Juárez. Me parece que Juárez empezó bien y al final se hizo feo por unirse a los gringos. Lo mismo pasó con Porfirio Díaz, otro que se echó a perder. Tampoco los generales de la Revolución me parecen muy admirables. Villa siempre se me figuró un farolón y un payaso al que le gustaba demasiado su personaje. Zapata era más auténtico, me identifico con él, pero creo que le faltaban luces. Calles fue un tipo bien intencionado, al menos yo lo creo así. Era un hombre al que le gustaba mucho el juego, pero aunque haya sido jugador fue honrado. Le gustaba perder su dinero en la baraja, no jugar con el dinero ajeno como hizo López Portillo. Creo que los políticos de antes eran menos corruptos que los de ahora. También conocí a las hijas de Calles: Tencha y Alicia, que me parecen gentes fabulosas.

A don Lázaro Cárdenas lo traté muy poco. Pienso que hizo mal con la nacionalización del petróleo. Eso le costó mucho dinero a México y no ha servido para nada: ahí está el gasoducto de Pemex que estalló hace poco en Guadalajara. Pero juzgándolo como actor, sin lugar a dudas fue extraordinario, a tal punto que su gente no lo ha olvidado. A Manuel Ávila Camacho solamente lo vi de lejos, pero tuve la desgracia de conocer a su hermano Maximino, que tenía tanto o más poder que él. Maximino me corrió detrás cuando yo empezaba en el cine. Yo le tenía pavor por lo que se contaba de él. Era mandón, astuto, arrogante: un típico ejemplar del circo de los malos actores. Me mandaba seguir, me invitaba a sus fiestas, pero no se le hizo el gusto conmigo porque si yo había escogido mi trayectoria de libertad y de independencia no iba a dejarlo todo por meterme con un político a ver qué regalos me daba.

A Miguel Alemán lo conocí ya de ex presidente. Me ligaron a él como amante durante todo su gobierno y la verdad es que ni siquiera lo llegué a ver de cerca. Se rumoraba, entre muchas otras mentiras, que había un túnel subterráneo entre mi casa de Polanco y Los Pinos, por donde el presidente se metía para venir a verme. Como yo era la más guapa del cotarro y como a Alemán le gustaban mucho las guapas, el pueblo creía que yo me le merecía, pero nada era cierto. Si yo me compraba con mis centavos alguna piedrita o alguna alhaja de poco valor, de inmediato decían que Alemán me la había regalado. Así es que no me podía poner nada. Y a mí me daba coraje porque mis joyas eran modestas, no eran alhajas tan grandes y tan formidables como las que el presidente me hubiera podido regalar. Siempre lo estaban dejando como avaro con esos regalos.

Cuando Alemán ya había desocupado la silla me lo encontré en casa de Nabor Carrillo en un banquete y le dije: "Mire, me han achacado tantas cosas con usted que véngase a comer a la mesa conmigo. Total, ya somos famosos, ¿no?" Ahí empezó nuestra amistad, que fue muy buena porque yo simpatizaba con su hija Beatriz, Alex se hizo amigo de Alemán y como éramos vecinos nos juntábamos a cenar muy seguido. Aparte de su importancia como político, Alemán era simpático, alegre, fácil de tratar, sencillo, inteligente y muy atractivo. Yo le decía *Jefe Pluma Blanca*, por su mechón canoso. Estoy perfectamente de acuerdo con las mujeres que se volvían locas por él. Si nos hubiéramos conocido más jóvenes, quién sabe qué hubiera pasado. Pero Alemán ya tenía su segundo frente, una mujer austriaca bellísima. Yo también era invitada a la casa chica y para no herir susceptibilidades me apalabraba antes con Beatriz y le avisaba: "Oye, mi reina, me invitan a la casa chica, no

vayas después a enojarte conmigo porque tu padre me invitó".
Fuera de la cosa mundana tengo la impresión de que Alemán
fue un gran presidente. Se preocupaba mucho por el país y nunca tomó decisiones a la ligera. Nadie puede negar que dejó
cosas buenas y eso ya es mucho en un país donde la mayoría de
los presidentes dejan horrores.

A Ruiz Cortines lo traté en cenas de Los Pinos y alguna vez
jugué canasta con su mujer, que por cierto era muy tramposa.
Estaba acostumbrada a jugar con un grupo de lambisconas
que se dejaban ganar para congraciarse con ella. Una vez tiró
un nueve al monte y se le ocurrió gritar:

—¡Con el nueve no se mueve!

Yo le dije que esa regla no existía en la canasta, y como tenía un par de ese número me llevé el monte. Sus amigas se
quedaron con el ojo cuadrado.

A Fito López Mateos lo conocí cuando era muy joven y él era
profesor en la Universidad. Tomé un curso con él y nos hicimos
amigos antes de que llegara a la presidencia, pero no llegamos
a ser íntimos. Era mucho más atractivo como hombre Miguel
Alemán que Fito, y también más inteligente. No quiero decir
con esto que Fito haya sido tonto. Algo debía de tener para llegar a un puesto como ése, pero le faltaba el atractivo intelectual
de Alemán. Cuando Fito estaba en Los Pinos con mucho estrés
y mucho trabajo, se venía de incógnito a mi casa a jugar canasta. Lo que no me gustaba a mí era que no apostaba: con él puros juegos de frijolito. Una vez le pregunté cómo se sentía después de un cierto tiempo de ser presidente de la República:

—¿Qué diferencia notas en ti? ¿Eres el mismo? ¿Has cambiado?

—Mira —me dijo—, tú no puedes tener una idea de lo que
es esto. Llega un momento en que te lavan el cerebro las gen-

tes que están todo el día contigo para halagarte, para decirte que eres guapísimo y que tienes el pelo rizado. Al principio dice uno: se están burlando de mí. Pero después te lo acabas creyendo, porque es muy envanecedor que nadie te diga que no a nada.

Si me podía decir eso era porque en el fondo no llegó a perder la cabeza. Creo que tuvo un gobierno tranquilo, con la ventaja de que no había grandes problemas. Ya estaba enfermo cuando lo vi por última vez en París. Supimos que había llegado y Alex lo invitó a cenar en el Maxim's. Ya estaba un poco tocado por su aneurisma y le costaba trabajo llevar la conversación. Era un hombre disminuido y un poco triste, como si le doliera haber dejado las mieles del poder.

De Díaz Ordaz no puedo contar anécdotas, porque lo conocí poco. No tenía encanto personal pero siempre lo he considerado un gran presidente. Su mérito fue tomar decisiones muy difíciles y muy peligrosas. Lo que hizo en Tlatelolco fue atroz pero salvó al país en un momento de crisis. El mundo estaba viviendo una coyuntura difícil y aquí había muchos contactos con el exterior en la cuestión del movimiento estudiantil. Se estaba reproduciendo en México el movimiento de Cohn-Bendit en París, y si no se paraba la cosa a tiempo quién sabe qué hubiera pasado, sobre todo con los Juegos Olímpicos encima. Yo creo que estaba muy preocupado por el país y no tuvo más alternativa que emplear la fuerza. En Francia los estudiantes protestaban, hacían cosas tremendas, pero eran más controlables. La policía nunca intervino, salvo para echarles manguerazos de agua o gases lacrimógenos.

Esos brotes de rebeldía como los que hubo en el 68 me parecen naturales en la juventud. En todas las épocas los jóvenes han protestado, lo aburrido sería que protestaran los viejos. Lo que a mí no me gustaba era el lado feo de todo eso; el lado siniestro: las drogas y el desenfreno autodestructivo. Los *hippies* no me gustaban. Sus ideas y sus filosofías no las crítico, pienso que eran interesantes. Pero la limpieza es algo fundamental para mí, y esos jóvenes daban una impresión muy desfavorable. Por lo que toca a la revolución sexual de esa época, la verdad no le di ninguna importancia. Para mí el amor es privacidad y secreto. Eso de andarse desnudando en la playa me parece que le quita sabor al sexo.

En el sexenio de López Portillo, o antes, ya no recuerdo, salí retratada en la Cámara de Diputados y los periodistas se me echaron encima. Dijeron que era una burla a la nación. Pero yo me pregunté: ¿qué tenía de malo? Soy mexicana y en mi país me puedo retratar donde se me antoje. Yo ni sabía que en la Cámara estaba prohibido hacerlo: cuando llegué me abrieron las puertas de par en par, me hicieron caravanas y hasta me pusieron el tapete rojo. Luego escribieron que había usado la Cámara para un desfile de modas. Yo no tuve la culpa de que mi vestido fuera de Dior. ¡Ni modo que me lo hubiera comprado en La Lagunilla! Y me sacaron fotos preciosas. En una de ellas no se me ven los brazos y parece como si fuera a volar. Lo que pasa es que como en México no se puede hablar con libertad, los periodistas aprovechan cualquier pretexto para poder criticar al gobierno. Por eso no le doy mucho crédito a los periódicos. Además de que aquí siempre se minimizan los hechos cuando son desfavorables para el gobierno.

A De la Madrid lo tengo un poco borrado. No pudo hacer gran cosa con un país hecho jirones. ¿Cómo iba a levantar cabeza? Lo que hizo fue capear el temporal, poner parches aquí y allá para que no se hundiera la nave. Pero fue un gobernante discreto, y eso ya fue una ventaja después de las *vedettes* que lo antecedieron.

Cuando recibí el Ariel de Oro por mi trayectoria en el cine, De la Madrid mandó a uno de sus ayudantes a pedirme un autógrafo. Yo pensé que era un truco de un *fan* y le dije:

—Pues dígale al presidente que si quiere un autógrafo me lo venga a pedir en persona.

Se había formado ante mí una fila de gente y yo le preguntaba a cada persona cuál era su nombre para escribir la dedicatoria.

De pronto llegó el primer mandatario con su esposa. Yo no recordaba su nombre de pila y tuve que tratarlo como a todo el mundo:

—Su nombre, por favor.

—Miguel de la Madrid Hurtado, a sus órdenes —me respondió muy serio.

Octavio Paz se rió mucho cuando le conté esa anécdota. Según él, De la Madrid debió responderme "Axayácatl" o "Benito Juárez".

Salinas de Gortari va cada vez mejor. Al principio no lo conocía, y como todos los presidentes empiezan igual —prometiendo, prometiendo, pero luego todo cae al agua—, pensé que iba a pasar sin pena ni gloria. Pero a fuerza de verlo, he notado que tiene inteligencia, valentía y atractivo personal. La primera vez que lo vi en televisión no me di cuenta de lo que traía por dentro. Pero como está en la pantalla a todas horas y dice cosas sensatas, una termina reconociendo que el tipo vale. Ha tomado decisiones muy importantes y benéficas para el país. Que vende los teléfonos, pues bueno, de alguna forma tenemos que conseguir dinero, ¿no? Siento que ahora sí tenemos un jefe de buena fe, que nos puede conducir al progreso. Me tiene asombrada su capacidad de trabajo y la energía mental con que resuelve problemas. Además tiene el pantalón blindado, como lo tenía el Jefe Pluma Blanca, y sabe tomar decisiones con la cabeza fría. Ojalá mantenga los pies en la tierra y no se envanezca.

En distintas épocas he conocido políticos que no llegaron a la presidencia, pero tenían méritos para ello. Fui muy amiga del rector universitario Nabor Carrillo. Me invitó muchas veces a la Universidad a comer. Era un científico mundano al que le gustaban mucho la buena vida, las mujeres, el trago. Pero en su trabajo era serio y brillante. Luego fue consejero de Ruiz Cortines y se peleó con él porque tomó la decisión de devaluar el peso sin consultarlo.

Los políticos me buscan mucho, pero a veces no les conviene mi compañía. En una ocasión fui al último informe de un gobernador y pasó lo inevitable. Cuando mi amigo llegó al teatro lo recibieron con un aplauso y a mí con una ovación de pie. Durante la lectura del informe los fotógrafos no se apartaban de mi asiento. Lo peor ocurrió a la salida, cuando los músicos de la banda me despidieron con *María bonita* en vez de tocar el Himno Nacional.

A últimas fechas la oposición ha empezado a crecer en México. A mí me parece bueno que haya oposición, pero no sé si estemos capacitados para ejercer el voto. Hace unos años no lo estábamos. Ahora la gente ya está cansada de que le impongan todo y quiere votar, aunque no sepa bien por dónde va la cosa. Equivocándose tienen que aprender, pero a mí se me figura que el PRI todavía es un partido exitoso y ahora, con enemigos fuertes, tiene una gran oportunidad para mejorarse y renovar a su gente. ¿Desde cuándo está en su puesto Fidel Velázquez, por ejemplo? No dudo que tuviera capacidad cuando empezó, porque no cualquier tarado puede manejar una central obrera tan grande. Pero el tiempo pasa y él no se mueve. Parece que le ponen un palo detrás para sostenerlo en pie. ¿Qué necesidad tiene de seguir en el trono si ya está viviendo horas extras?

Por la cercanía de Alex con los círculos políticos de Francia tuve algún trato con De Gaulle en las fiestas que hacía en Les Elysées. En Francia lo adoraban por ser el héroe de la Resistencia, pero la verdad es que no hizo nada para ganar la guerra. Se limitó a sobrevivir en Londres muy apuradamente. Cuando vino a México en los sesenta fui a los festejos que le dieron. Tenía detrás a una persona que le decía a quién estaba saludando, pero a mí me saludó por mi nombre sin esperar la presentación, porque ya nos conocíamos de antes. Desde mi punto de vista, De Gaulle cometió un error en su política internacional al nacionalizar a los argelinos. Ahora se reproducen como conejos, porque en Francia los socialistas premian a los matrimonios fértiles, y eso está provocando un conflicto racial.

Si no hubiera sido actriz, me habría dedicado a la política para ayudar en algo a mi gente. Soy una persona que sabe decir las cosas y creo que podría hacer una serie de gestiones importantes para beneficio del pueblo. Hay una clase que es una maravilla en México: la del campo, que no sabe nada de política pero trae la sabiduría por dentro. Hay que hacer algo por ellos y por los grupos indígenas, respetando su cultura y su manera de ser. Ayudándoles en su terreno, en su ambiente, con sus ritos, su religión y sus costumbres, los podríamos hacer más felices que poniéndoles zapatos que no les vienen.

Si queremos un futuro decente, una educación de calidad y una riqueza mejor repartida, deberíamos mantener siempre una natalidad inferior al Producto Nacional Bruto. La primera medida para lograrlo sería prohibir todo trabajo infantil. Demasiados padres ven en el número elevado de hijos una posibilidad de ser mantenidos con su trabajo y con su mendicidad. Debemos dominar nuestro sentimentalismo y dejar de sostener a esos pobres niños de la calle, pues cada vez que les damos dinero estamos fomentando su explotación.

La segunda medida sería mejorar la situación económica de los trabajadores jubilados, que actualmente cobran pensiones míseras. Ningún viejo buscaría ser mantenido por sus hijos o nietos si tuviera medios para vivir con decoro. Junto con ello necesitamos frenar la emigración, no sólo la de las clases pobres que buscan trabajo en Estados Unidos, sino la de los científicos e intelectuales que son atraídos por las universidades norteamericanas con mejores salarios y equipos más modernos. Al perderlos a ellos, perdemos a la élite que puede crear progreso y empleos.

Pero ninguna medida económica podrá mejorar la situación del país mientras no se disminuya el poder de la Iglesia en México. El Papa promete cosas como la vida eterna, que no le cuestan nada. Ojalá prometiera comida y vivienda para los millones de seres que llegan al mundo por su terca oposición al control natal.

A las mexicanas no se nos resiste la sábana, y esto no me parece un defecto: al contrario, es una maravilla. Lo que me parece mal es que el Papa nos la venga a alborotar más. A las mujeres de México no se nos puede exigir castidad y de ello hay más de ochenta millones de pruebas, una por cada mexicano que ha venido al mundo. Pero si el Papa insiste en prohibir los anticonceptivos y el aborto, entonces debería traernos algo más que sus apapachos y bendiciones. En vez de acariciar a la gente, podría obsequiarle a México un hospital o una escuela de vez en cuando. Con las riquezas del Vaticano y con el inmenso capital que la Iglesia guarda en sus bancos, Juan Pablo tiene dinero de sobra para darnos esa prueba de amor.

El Papa es el representante de Dios sobre la tierra —es decir, una persona divina—, pero este señor se mete en asuntos de sexo que no le incumben. Hace poco declaró en Francia que el orgasmo es pecado. Yo me pregunto: ¿por qué habla tanto de sexo el Papa si no lo utiliza ni sabe cómo es? Que se ocupe de salvar almas y deje a nuestros cuerpos en paz. El sexo es un asunto demasiado escabroso para que lo discuta una persona tan santa.

Karol Wojtyla ha sido el Papa más retrógrado de los últimos tiempos. Le ha hecho daño a toda la humanidad, especialmente a los países pobres, donde la ignorancia es el principal sostén de la religión. Cada visita suya representa diez años de atraso para México. Me parece muy grave su postura en el asunto del SIDA. Pudiendo ayudar moral y materialmente a las víctimas de la enfermedad, se ha dedicado a estigmatizar el uso del preservativo, que hasta ahora es el único medio eficaz para prevenir el mal. ¿Cómo quiere que la gente se proteja? ¿Rezando el rosario antes de hacer el amor? Está mandando al matadero a sus propios fieles, porque la carne es débil y hasta la señora más persignada se echa de vez en cuando una cana al aire. Muchas familias perderán uno o varios hijos por culpa del Sumo Pontífice al que reciben de hinojos.

Con el SIDA no se juega. Basta una sola vez y la fría está detrás. Conozco muy bien la enfermedad por todos los amigos que me ha quitado y sé que la única vacuna contra ella es la propaganda a favor del preservativo. Pero en México no hay una campaña enérgica contra el SIDA en los medios de difusión, porque el gobierno ha cedido frente a la Iglesia. Tengo muchos contactos en el medio político y sé que un grupo de damas del Opus Dei visitó al presidente para pedirle que retirara los anuncios donde se recomendaba el uso del condón. Según esas devotas mujeres, la campaña promovía el libertinaje sexual entre la juventud. Me temo que se han salido con la suya, porque no veo esos anuncios por ningún lado. Sólo hay una tímida campaña para que la gente pida por teléfono la información que debería aparecer en todos los medios cincuenta veces al día.

Las señoras del Opus y de otras organizaciones católicas tienen todo el derecho de educar a sus hijos como les venga en gana, pero no pueden imponerle su estrechez de criterio a todo el país. El presidente ha tomado la decisión de acercarse a la Iglesia, cosa con la que no estoy de acuerdo, porque la Iglesia y el Estado tienen campos de acción muy distintos. No me asombra que el presidente haya entrado a la catedral de Guadalajara: eso es baba de perico. Lo que me asombra es que no apoye a la juventud con todos los medios a su alcance ante un problema de salud pública como el SIDA. Hay que hacer algo drástico para detener la epidemia antes de que sea demasiado tarde: está en juego la vida de la juventud mexicana.

Sé que para un pueblo como el nuestro la religión es una protección y una esperanza. Pero he llegado a pensar que la Iglesia es uno de los principales enemigos del progreso, no sólo en México sino en toda Latinoamérica, porque la Iglesia necesita de los pobres. Mientras más pobres haya más fieles tendrá. Con la efervescencia de niños que hay en mi país no podemos progresar. Es urgente ponerle un freno a la explosión demográfica, pero la Iglesia no evoluciona: se ha estancado en sus dogmas mientras el mundo cambia. El pueblo se consuela pensando que aunque la pase mal aquí, la pasará bien en el paraíso. A mí me gustaría que la pasara mejor en esta vida, por si acaso no hay otra.

Nunca he querido a nadie como me han querido a mí

Capítulo XV

VIVIR DOS VECES

He vivido sin tener conciencia del tiempo. De pronto me llega un aniversario de trabajo —cincuenta años en el cine— y me parece imposible que la homenajeada sea yo. Sobre la chimenea de mi casa tengo cuatro Arieles y una Diosa de Plata. El año pasado me entregó una medalla el rector de la UNAM y no pude recibir en Italia el premio Sorrento, porque la fecha de entrega coincidió con la exposición de mis cuadros en el Palacio de Minería. Toda persona que trabaja busca satisfacciones y no dejo de agradecer la distinción de una medalla o de un premio, pero las cambiaría todas por saber cómo se me fue yendo la vida. Desde que soy responsable de mis actos he vivido en el franfaraláin, en el tono mayor y en la fiesta. Parecería que estoy mala de los nervios y que sufro de estrés. No es verdad: tengo una gran calma interior. Mi entusiasmo se parece al estrés porque estoy prendida todo el tiempo. Nunca encuentro unas horas de *relax* para soltar el cuerpo.

Estoy hecha de todo el pasado y he aprendido mucho de los hombres que vivieron conmigo, pero en realidad el pasado no me interesa. Me interesa el presente, lo que voy a hacer hoy o mañana. En vez de repasar mis viejas glorias prefiero pensar en las nuevas: en el maravilloso elogio que me escribió Octavio Paz o en la ópera basada en mi vida que un compositor argentino estrenará en París el año próximo, con arreglos sinfónicos de las canciones de Lara. Esas cosas me llenan más que los recuerdos, por luminosos que sean.

Para mí casi no hay días tranquilos; yo no soy una gente que se acueste a descansar. Desde que empieza el día tengo actividad, y mi día empieza muy temprano. A las ocho me despiertan con mi taza de café —una droga que no cambiaría por nada—, y la mañana me rinde mucho. Veo las noticias por televisión, hago los planes del día, leo el periódico. En París leo *El Fígaro,* en México *El Sol*, que me regala mi amigo Vázquez Raña. Solamente leo la página política y la nota roja. Me gusta seguir las investigaciones criminales y soy una lectora voraz de novelas policiacas. De no haber seguido el oficio de actriz me habría gustado ser detective. En París tengo un amigo de la policía secreta —el equivalente de la Judicial mexicana— que me cuenta cómo trabaja para capturar a los delincuentes. "La deducción no sirve de nada —me ha dicho— si no se apoya en las metralletas."

Pero volviendo a mi rutina diaria, todas las mañanas, cuando estoy en México, recibo una llamada de Antoine a las nueve en punto, cinco de la tarde hora de París, lo que yo llamo "la hora soñada". Le cuento lo que hice el día anterior, me cuenta cómo le va en su trabajo y ya hice mi día. La llamada se ha repetido semana tras semana desde hace once años. Es como si nos viéramos a diario, porque siempre hay un acercamiento. Yo creo que hemos logrado llevar una vida muy independiente porque tampoco en París vivimos juntos. Antoine tiene su departamento, yo el mío, se queda cuando quiere o cuando yo quiero, paseamos, salimos de viaje y los dos tenemos libertad sin perder el contacto. El tener un choque de vez en cuando no es malo: lo principal es tener los mismos gustos, las mismas ideas políticas. En lo básico estamos de acuerdo y nos acompañamos bien, que es lo más difícil de lograr en una pareja.

Inmediatamente después del telefonazo empiezo mi sesión de gimnasia: una hora diaria de ejercicio y un poco de pesas. Antes hacía tres horas, la mitad en la mañana y la mitad en la noche. Ahora administro más las energías, pero lo que importa no es hacer mucho ejercicio, sino hacerlo diario, para tener el músculo en movimiento. De niña fui muy atlética porque me pasé toda la infancia retozando en el campo. Quería ser trapecista de circo. Es una de mis vocaciones frustradas, como la de detective.

Otro deporte que me gusta es la natación. He tenido impedimentos para practicarlo por la obsesión de los periodistas de verme en traje de baño. Hasta con telefoto lo han intentado, pero siempre descubro al fotógrafo y le hago desde lejos el gesto sagrado. Lo bueno es que ya tengo piscina en mi casa de Cuernavaca y ahora puedo nadar sin testigos.

Cuando termino de arreglarme ya son las doce o la una. Entonces me pongo a leer. Yo siempre tengo un libro cerca, porque leer es mi gimnasia mental. Desde niña me inculcaron ese hábito y no lo he abandonado ni en mis épocas de mayor ajetreo. Mi mamá a los 92 años leía y tejía sin lentes. Yo heredé su buena vista. Me gusta leer de todo, en especial biografías y libros de historia.

Eso hago por las mañanas cuando estoy en México, donde salgo poco a la calle, porque a la primera esquina me detienen para pedirme autógrafos. En París mi vida es distinta. Suelo recorrer las calles a pie. Salgo de mi casa y me voy sola caminando kilómetros y kilómetros. No existe calle donde no haya estado. En París todo es bonito: la ropa, la comida, el vino, ¡hasta los chocolates! Yo sé mucho de chocolates y no hay en el mundo chocolates mejores que los que venden en Le Fouquets, una dulcería que está junto a la casa Dior. Hasta el verde de los árboles tiene un brillo especial en París.

México se ha vuelto gris. Qué tristeza me da ver ahora la calle de Mississippi, donde nada más porque les dio la gana tiraron todas las palmeras. No hay derecho. Están acabando sin piedad con los pocos árboles que nos quedan. Otra cosa que me angustia de México es la opresión de tener que competir por un espacio en la calle con veinte millones de habitantes. Por eso aquí prefiero quedarme en casa. De vez en cuando voy a un restaurante a cenar. La gente me quiere y me respeta, pero nunca falta un vivales que me quiera tomar una foto sin permiso, y entonces, con mucho dolor de mi parte, lo llamo a la mesa y le rompo la cámara.

El juego es una de mis grandes pasiones. Canasta, póquer, *gin rummy*, todo me gusta si hay apuesta de por medio. Con Alex aprendí a jugar fuerte, pero nunca he apostado lo que no puedo pagar. Lo más que he perdido son ochenta mil dólares, un día de mala suerte en Las Vegas. Y lo máximo que he ganado han sido doscientos cincuenta mil.

Mi otra pasión son los viajes a países exóticos. Hace poco me tocó vivir una situación espeluznante en uno de ellos. Con un grupo de amigos franceses tomé el crucero Singapur-Indonesia. Pasamos por Hong Kong, Filipinas, Seúl, Jakarta, y al cabo de dos meses de travesía llegamos a la isla de Burubudú, en Indonesia. Entre las actividades del *tour* había una visita a una gruta famosa por sus murciélagos. Entré con todos los del *tour*, pero me aparté del guía para conocer la gruta por mi cuenta. Nunca lo hubiera hecho. De pronto me resbalé y caí en una zanja. Quedé con la cabeza de fuera y todo el cuerpo enterrado. Ni siquiera podía sacar las manos para apoyarme y salir del hoyo. Me puse a pedir auxilio, pero mis compañeros turistas estaban muy lejos. Yo sí escuchaba a la distancia la voz del guía, pero él no podía oírme.

Después ya no escuché nada. El guía había terminado su explicación y todo el grupo se subió al autobús creyendo que me había regresado en limusina, cosa que hice varias veces en el transcurso del *tour*, pues me chocaba viajar en rebaño. Entonces empezaron a revolotear los murciélagos alrededor de mi cara. Eran cientos y chillaban como ratas. Con sus alas húmedas y asquerosas me rozaban el pelo, los ojos, la boca. Lancé un alarido y creí que había llegado mi fin. Pero gracias a Dios la gruta no estaba desierta. En ella vivía un ermitaño loco de remate que al escuchar el grito vino en mi auxilio. Me salvó a cambio de una recompensa que le pagué de regreso en el hotel. En el camino me contó que los administradores de la gruta lo escondían cuando llegaban turistas, pero él era su dueño por derecho de antigüedad. Los murciélagos para él eran ángeles y la gruta un paraíso donde reinaba sin depender de nadie.

Hasta cierto punto lo comprendí, pues a mí también me gusta la compañía de los animales, aunque yo tengo mascotas menos siniestras. Platico mucho con mi perico, a quien he enseñado palabras en español y en francés. Se llama *Pedro* y es más divertido que muchos seres humanos. Me saluda, me chifla, canta *La Traviata* a dos voces, prende la tele con el pico, baila *rap* y cuando suena el teléfono grita: "Bueno, bueno, bueno, la Doña no está". Es muy amigo de mi hijo Enrique, pero se pone de malas cuando llegan visitas que no conoce.

Otro de mis animales consentidos fue un mandril de Chapultepec que se llamaba *Dientes*. Para mí era como una persona. Cuando lo visitaba le decía: "Eres el más guapo de todos, eres el más hermoso, mira qué cuerpazo tienes". Y él me reconocía y saltaba de gusto. Antoine me hizo una pintura con Dientes. Es una maternidad en que lo tengo acurrucado en mis piernas, con su brillante piel azul turquesa. Está colgado en mi recámara de Cuernavaca porque me alegra el ojo al despertar.

Por las tardes tengo siempre muchas cosas que hacer. La casa de Cuernavaca me roba demasiado tiempo, la de aquí también, porque si no estoy pendiente de todo no se mueve ni la hoja de un árbol y a cada rato hay que estar haciendo reparaciones, arreglos, cambios. Me gusta que haya orden en mis casas. No tolero la suciedad y soy alérgica al polvo. Los muebles que tengo son de época y requieren de un cuidado especial. He tenido la suerte, gustándome como me gustan las antigüedades, de poderlas adquirir. A mí nunca se me ocurre mandar hacer una mesa que parezca antigua ni me rodeo de cosas que le vayan a gustar a otros. Arreglo mis casas para vivir en ellas, no para presumir.

Cuando algo me gusta no me fijo si es caro o barato, pero generalmente lo bueno es caro y difícil de encontrar. Tengo que ver catálogos, comparar precios, ir a subastas. Conozco bien el mercado y me divierte mucho salir con Antoine a recorrer tiendas de antigüedades. A veces tengo que hacer una odisea para localizar una pieza auténtica. Buscando una porcelana de Jacob Petit, por ejemplo, recorrí galerías de arte en varias ciudades de Europa hasta dar con ella.

Tengo una predilección antigua por esa marca. Empezó desde mi niñez, cuando mis hermanos me regalaron un precioso tintero que todavía conservo. En la base tenía las iniciales J. P. No supe lo que significaban hasta muchos años después, cuando recién llegada a México vi dos jarrones que me fascinaron en una tienda de antigüedades de la colonia Juárez. Pregunté el precio, la dependienta me lo dio y ante mi sorpresa por la altísima cantidad me explicó que eran de Jacob Petit. Cuando ya empezaba a ganar dinero en el cine quise comprarlos, pero ya se los habían vendido a Maximino Ávila Camacho. Pasaron los años, Maximino murió y un día vi los jarrones en una subasta. Desde entonces los tengo en la casa de México. He llegado a reunir una importante colección de Jacob Petit. Lo mejor que tengo son cuatro jarrones con dibujos de otras tantas catedrales, entre ellas la de México, hechos por Newell. Fueron un regalo del embajador francés al dictador Santa Anna.

Las antigüedades son mi vicio, pero es un vicio con el que no pierdo dinero. Al contrario: he ganado mucho comprándolas y vendiéndolas. A veces me aburro de un estilo y hago una subasta, como hace unos años cuando vendí en París mis muebles segundo imperio.

Con tantos intereses en la vida yo no me aburro nunca. Ése es mi único secreto de belleza: la curiosidad, el gusto por la vida. El no tener nada que hacer marchita. Dicen que yo me hago curas de sueño en Suiza para conservarme lozana. En realidad sólo duermo siete horas diarias y casi nunca tengo ratos de ocio. Yo no puedo dar consejos de belleza más que una sola cosa para todo el mundo y todos los momentos: disciplina para no desvelarse, para no beber alcohol, para comer frugalmente. Yo no me conservo congelada en el refrigerador como una chuleta. Me conserva mi vitalidad, el interés que tengo por todo. A cierta edad la belleza se va y entonces lo que importa es tener el corazón en fiesta, como lo tengo yo.

No quisiera terminar este libro sin mencionar a algunas personas que están o estuvieron a mi servicio y han sido mis ángeles de la guarda. Especialmente a Raúl, el cuidador de mi casa, que murió hace unos meses. Era tan efectivo en su trabajo que nunca se hacía notar, pero estaba pendiente de todo. Lo he venido a notar ahora, cuando ya no está, y me siento como si hubiera perdido a un familiar cercano. Era un hombre muy reservado. Sólo hablábamos de cosas superficiales, pero yo le conocía sus travesuras de Casanova. Le hizo niños a todas las mujeres que se le atravesaron, menos a mí.

Lilia, la cocinera, trabajó conmigo treinta y cinco años, hasta su muerte. Era de Veracruz. Alex la sacó de la embajada húngara, le ofreció un buen sueldo y se vino a cocinar para nosotros. Mi paladar la extraña, porque hacía platillos de ensueño. Otra mujer que duró muchos años conmigo fue Reina, la gobernanta. Ella era mi cuñada. Estaba casada con un hermano mío, pero se llevaban mal y quiso independizarse. Yo necesitaba una gente de confianza y le di trabajo. Era muy eficaz. No he encontrado a nadie que la reemplace. Ahora tengo que hacer todo lo que ella hacía.

Una de las personas que más me han ayudado en cuestiones de trabajo y en asuntos de mi vida cotidiana es mi representante Fanny Schatz. Nos conocemos desde hace mucho tiempo y nunca he dejado de quererla, porque siempre que estoy en dificultades me tiende la mano.

Para mí ha sido una suerte contar con Fannita, porque además de ser una magnífica gente, sabe hacer lo suyo con tacto y habilidad.

Cuando me preguntan qué planes tengo para el futuro siempre respondo: conservar mi energía y mi capacidad de asombro. A eso me dedico en cuerpo y alma. Trato de aprovechar el día lo mejor que puedo. No hago proyectos y tampoco miro hacia atrás. Para contar aquí mi vida y decir las cosas que me han pasado he necesitado hacer un gran esfuerzo, porque no me gusta enseñar mis entretelas en público. Si ahora lo hago es porque me gustaría que mis guerras hicieran reflexionar a las mujeres de México. Yo no puedo ser un modelo, ya lo he dicho, porque ninguna mujer puede seguir mis pasos. Mis ideas sobre el amor, por ejemplo, son el resultado de mi egoísmo, y no se las recomiendo a la gente común. Yo nunca he querido a nadie como me han querido a mí. Ésa es la razón por la que nadie me ha hecho sufrir. El que más da en el amor también es el que más sufre, y yo no puedo aguantar el sufrimiento de ninguna manera. Pero esto vale para mí, son opiniones que digo con absoluta franqueza, sin afán de tener seguidoras.

No he querido hacer un manual de buen comportamiento, sino un libro que me refleje tal como soy. Me daría por satisfecha si alguna lectora, motivada por mis palabras, luchara un poco más de lo que está acostumbrada. No sé si la gente me vea como una líder de opinión, pero estoy segura de que me cree, porque la celebridad me permite hablar sin tapujos. Quien haya seguido mi trayectoria sabe que desde niña busqué la liberación. Detesto la bota. Nunca permití que me impusieran esquemas de vida o normas de conducta. Me da gusto que la mujer mexicana se valga por sí misma, conquiste su derecho a elegir y tenga mayores ambiciones que la de ser una esclava doméstica. En las nuevas generaciones veo el fruto del árbol que yo sembré. Mi historia es una historia de amor propio. Mantuve mi dignidad en alto sin sacrificarme por los demás y por ello no aspiro al título de autoridad moral. Sólo tengo un mensaje para las mujeres de mi país y del mundo: ojalá se quieran tanto como yo me quise.

Tal vez he desaprovechado mi fama. Hubiera querido ayudar un poco a mi país, hubiera querido ayudar a todos esos indígenas que están en el hoyo más profundo, con la amenaza de extinguirse por falta de ayuda. Hubiera querido hacer más cosas por los demás pero la vida se me ha ido muy rápido. Ni siquiera la he visto pasar. Con este libro quise apresar el tiempo y espero haberlo logrado. He vivido dos veces: una en la realidad y otra por escrito. Mis películas ya forman parte de la cultura mexicana. Ahora mi vida también está entrelazada con ella, y de la mejor manera posible, porque el cine se ve en la tierra, pero los libros llegan al cielo.

Como homenaje a un amigo muy querido, termino este libro con una carta luminosa que Jean Cau me escribió cuando Alex acababa de morir. No es precisamente una carta de amor sino de reencuentro. Las palabras de Jean son para mí como un amuleto, como un ramo de rosas frescas, y no podían faltar en un libro que también pertenece a todos los que me amaron:

París, 31 de enero de 1975

Especie de María, de mujer, de monstruo y de todo:

Aquí estoy. Aquí estoy. Aquí estoy. Pero qué extraña impresión, ¿sabes?, la de escribirte mi primera carta después de tantos años. Es en verdad como si el tiempo detenido se hubiera puesto de nuevo en marcha y esos largos años hubieran pasado como un relámpago. Estoy asombrado, maravillado, y al mismo tiempo, lo encuentro natural. Sabía sin duda que nuestras rutas no estaban separadas, eran paralelas, y se juntarían algún día. Lo que más me impresiona es que sea una desgracia lo que nos ha vuelto a reunir. El afecto, ciertamente, no se demuestra sólo en la fortuna sino en la adversidad. ¡Pensaba tan seguido en ti y en Quique y había conservado tantas imágenes de nuestro pasado en la filmoteca personal de mi corazón!

Y jamás hablaba de ti con nadie: ese pasado me pertenecía, era mío y de nadie más. En fin, cuando pensaba en ti, te imaginaba y te sabía feliz y me sentía orgulloso porque me decía que a fuerza de luchar contigo tal vez había logrado que aprendieras el difícil arte de vivir dichosa y en paz con alguien, aún si ese alguien no era yo. En resumen, me sentía orgulloso porque pensaba que tu felicidad era en parte obra mía.

Y ahora, aquí estás y aquí estoy. Lo que siento por ti es mejor que la amistad y el amor. Es un sentimiento enteramente original y único, hecho de certezas, de confianza, de pasado y presente, de conocimiento, de todo. Es como un arco iris que tiene los colores más raros y sutiles. Y bien, así es mi María. Sin duda hay muchas Marías Félix, pero la mía es personal, secreta y única. Es una mujer y al mismo tiempo es todo.

Conoces también el inmenso cariño que tengo por Quique. Es como mi hijo, mejor aún, porque entre padres e hijos llega a haber barreras, pero entre Quique y yo no las hay, porque el afecto entre él y yo no fue fabricado o impuesto sino escogido.

París está gris, pero esta carta es azul. Que estés bien. Te abrazo levantándote del suelo muy alto, muy alto...

Jean

Esta obra se terminó de imprimir
en agosto de 2002, en
Impresiones Gráficas de Arte Mexicano,
S.A. de C.V.
Venado N° 104
Col. Los Olivos
México, D. F.